徐復觀教授著

公孫龍子講疏

戴君仁署耑

臺灣學生書局印行

公孫龍子講疏目錄

先秦名學與名家 代序

一、名的起源問題

許氏說文二上「名，自命也。从口从夕。夕者冥也。冥不相見，故以口自名。」淮南子繆稱訓，「名，自命也」；許氏之說蓋本此。名到底是起於自命，還是起於命物，這是值得考慮的問題。禽獸之名，多近於禽獸所發之聲；但人僅因禽獸之聲以定禽獸之名；不能說禽獸之聲係出於自命。至於由从口从夕而說是「冥不相見，故以口自名」，張文虎舒藝室隨筆謂「其說甚陋」；李慈銘越縵堂日記謂「亦甚迂潤」。林義光則以爲「夕是象物形，口對物稱名也」。按許氏對名字之解釋，是否得造字之原義，固難斷定；而諸家之說，亦不出猜度、傅會之域，其能是正許氏者至爲有限。且古人造字，多係應機而作，不可全用今日合理之思考加以衡量。若以許氏對名字之解釋，未能得名字之原義，亦惟有保持闕疑之態度，不必過作穿鑿。且即使能得名字造字之原義，其對名之起源，亦不能作有力之說明。蓋有人類，即有某程度的語言；而語言的自身，即所以「自命」及「命物」。故可以說，名的發生，乃與人類自身同其久遠；文字之出現，則遠在其後。加以造「名」字之人，決不能以一字說明名之所由起。所以我們探討名的起源問題，應放棄語源字源的討論。甚至可以說，我們很難從歷史上明確地找出名的起源問題。中國古代的習慣，常把經過許多時代，並且是由許多人共同努力所完成的事物，說成某一個聖人的創作；比如燧人氏鑽木取火，神農氏教民播種百穀等是。禮記祭法說「黃帝正名萬物」，也是由此種習慣而來的，不足爲典據。

至於從制名的原則以說明起源的，則約略可分成理想的，和現實的兩派；前者可用董仲舒的說法代表。春秋繁露卷十深察名號第三十五：

「名生於眞。非其眞，弗以爲名。名者聖人之所以眞物也。名之爲言眞也」。

此一說法，是認爲物之眞，是由名而見，所以名與眞是不可分的；也即是名與實是不可分的。這是把名的制定說得太理想化了；在事實上，名並非出於聖人；即使是聖人制名，也無法使名能恰如其眞的。在此一說法的後面，實含有古老的宗教傳統，這在下面還要說到。

從現實上說明制名原則的，可用荀子的說法作代表。荀子正名篇第二十二：

「名無固宜，約之以命。約定俗成謂之宜。異於約，則謂之不宜。名無固實，約之以命實。約定俗成，謂之實名。名有固善，徑易而不拂，謂之善名」。

名不是生於眞，而是生於集體生活中的互相約束，互相承認。在此一說法中，不僅把名的神秘性完全打破了，並且認爲名對實物而言，只是一種符號；這在現代的語言學中，依然有其重大意義。

二、名的特別意義及孔子的正名思想

人一開始即在集團中生活。爲了達到共同生活的目的，必須憑藉語言以溝通彼此的意志。構成語言骨幹中的「名」，乃是指明各種事物及人己關係，以求互相了解、協同的。這是名的一般地意義。但在以神話爲主的遠古時代，某物之名，不是認作某物的符號，而是認作某物的實體。把握到某物之名，即認爲把握到某物之實體。因此，對神的希求，對惡物的避忌，對仇人的報復，都可通過對其名的某種形式的呼喚，認爲即可達到目的。這是形成呪語的基本因素。佛教徒認爲呼佛的名號而即可得到佛的慈悲；基督教徒認爲呼主的名而即可得到主的救濟，都是來自這一古老的傳統。中國古代，當然也不會例外。但中國的原始宗教，從周初已開始動搖，經過詩經時代而到春秋時代，可說已經垮掉了；所以宗教的呪語，在上層社會的文化意識中，亦早經消失。尤其是在以老子孔子爲中心的文化活動中，可以說原始的呪語，完全由合理的思維和合理的言語所代替了。但名的神秘性雖在宗教中褪色或消失，却在政治上還發生很大的作用。貴族的統治階級，把自己由地位而來的名，認爲即是政治權力的眞。有此名，即無條件地應有此統治權力，人民即應無條件地服從他的權力。在這種觀念之下，名即是眞，便無所謂正不正的問題。正因爲如此，懷有野心的人，便不惜以竊名者竊位，以竊位者竊權力，釀成政治上攘奪相循的大混亂；這樣便出現了孔子的正名思想。

孔子的正名思想，是經過一段相當長時期對名的自覺而始能出現的。所謂對名的自覺，是不認爲名的自身即有其神秘性的意義，而須另外賦與某種意義，使某種意義成爲某種名之實，某種名乃代表某種實的符號。於是名的價值並不在其自身，而係在由它所代表的某種意義。

首先，名與禮是不可分的。左莊十八年：

「十八年春，虢公晉侯朝王，王饗醴，命之宥，皆賜玉五瑴，馬三十匹。非禮也。王命諸侯，名位不同，禮亦異數，不以禮假人」。

按「非禮也」以下，是左氏對此事所作的判斷。禮須與名位相合，這是政治上的秩序。不相合，這是表示政治的秩序未被尊重，便可以啓窺伺之心，紊上下之序。但在上述一段話中，重點是在禮而不在名。名的主要意義，在下面的一段話中說得更清楚。左成二年：

「新築人仲叔于奚救孫桓子，孫桓子是以免。旣，衞人賞之以邑，辭。請曲縣繁纓以朝，許之。仲尼聞之曰，惜也，不如多與之邑。唯器與名，不可以假人。君之所司也。名以出信；信以守器；器以藏禮；禮以行義；義以生利；利以平民；政之大節也。若以假人，與人政也；政亡，則國家從之，弗可止也已。」

孔子上面的話，大概是經過了左氏的修飾。器和名，都是政治權力和秩序的象徵。名器不以假人，是尊重政治權力的秩序以求政治的安定。國語晉語四「信於名，則上下不衍」，正是這種意思。孔子這段話成爲後來司馬光作資治通鑑的主要思想，所以他特在「初命晉大夫魏斯趙籍韓虔爲諸侯」下，發揮了一大段議論。不過上面的話，假定完全出於孔子，這也只是代表一種傳統的意見；只可稱之爲「守名」，不能稱之爲「正名」。左桓二年晉師服曰「夫名以制義，義以出禮，禮以體政，政以正名」，這裡直接把名和義連接起來以言正名，才可以說是孔子正名思想的來源；而正名思想，才是對名的問題的一種劃時代的發展；司馬光把守名與正名混而同之，這是出於他在政治上偏於保守的原故。論語：

「子路曰，衞君待子而爲政，子將奚先？子曰，必也正名乎！子路曰，有是哉，子之迂也，奚其正？子曰，野哉由也！君子於其所不知，蓋缺如也。名不正，則言不順。言不順，則事不成。事不成，則禮樂不興。禮樂不興，則刑罰不中。刑罰不中，則民無所錯手足。故君子名之必可言也。言之必可行也。君子於其言，無所苟而已矣。」子路

對於正名的意義，何晏論語集解引「馬曰，正百事之名。」孔子的正名思想，當然包括有「正百事之名」的意思在裡面。如論語「觚不觚，觚哉觚哉」，此即係正物之名。穀梁僖十九年傳「『梁亡』，『鄭棄其

師』，我無加損焉，正名而已矣。」此即正事之名。但就上面答子路的情形來看，以正名為正百事之名，則未免解釋得太泛。朱元晦集注以爲「是時出公不父其父而禰其祖，名實紊矣」；他的意思，孔子的正名，是要把當時衛國的父子爭國的問題重新加以處理，亦似嫌迂濶。名的正不正，不能決定於名的本身，而是決定於由名所象徵的實。名與實相符，這是名得其正。名與實不相符，即是名不得其正。孔子在這裡所提出的正名觀念，當然是在政治倫理上立論。於是作爲名的正不正的標準之實，不是政治倫理上所居之位，而是對所居之位的價值要求。亦即是對所居之位，要求應盡到的責任。他答齊景公問政說「君君，臣臣，父父，子子」（論語、顏淵），這才是他在政治上正名的具體內容。「君君」的上一「君」字，是指人君之名；下一「君」字，是指能盡人君之道。當人君的人，能盡爲人君之道，這才值得稱爲人君，君之名與君之實才算相符，這才算君的名能得其正。否則有君之名，無爲君之實，這即是君的名的不正。下面的「臣臣，父父，子子」，都應作同樣的解釋。前面所說的「名不正則言不順」，是說君若不盡爲君之道，則政令（言）所要求於人民者，與人君自己的行爲不相符合；此之謂「言不順」；「言不順」，是說言不順於所言之實，亦即是只以言教而不能以身教。這樣一來，「其所令反其所好，而民不從」（大學），所以言不順便事不成。事不成，則上下相違，教養皆闕，自然會禮樂不興。禮樂不興，便失掉了刑罰所以成立的合理原則，所以刑罰便因之不中，而使民無所措手足。假定說「名」是維繫貴族統治的主要工具，「正名」則係打破政治上名自身的神秘性，使其僅成爲使人易於了解、把握的某種實的符號；於是統治者不再僅能靠其名其位來達到統治的目的。並且無實的名與位，是不正的名；不正之名所代表的位，應隨時加以改變或與以消滅。儒家在政治上肯定革命的權力，與正名思想，有密切地關係。這對貴族政治，封建政治而言，是給與了一制命的打擊。至於老子的無名，一方面是來自他的「無」的形而上學；一方面是對由傳統之名所象徵的權力統治，有加以徹底否定的意味在裡面；這在破壞貴族統治上，也有極大的意義。但戰國末期的道家，却都從正面討論了正名的問題。

孔子的正名思想提出以後，更影響到戰國時代的各家思想。在以君道臣道來正統治者所居之名，所居之位的這一點上，沒有得到很明顯的發展；因爲這要和當時的統治者發生直接地衝突。但在以一般地政治問題爲中心而正百事之名上，却有了相當地發展，這即是政治中的名實問題或形名問題。墨子的經上下、經說上下、及大取小取，皆有正名的討論。就莊子天下篇看，這都是出自墨子後學之手。荀子及呂氏春秋，皆有正名篇。春秋繁露有深察名號篇。現行尹文子，大約出現於西漢之末，其上篇主要談的是正名的問題。他並將名的內容，綜合爲三科。他說「名有三科，法有四呈。一曰命物之名，方圓白黑是也。二曰毀譽之名，善惡貴賤是也。三曰況謂之名，賢愚愛憎是也。」這裡應附帶提醒一句的是，尹文子把先秦以政治爲正名之名的主要內容，却劃分到「法有四呈」裡面去了；這說明先秦的正名思想，在西漢末期已開始模糊起來。

經長期演變而成的管子，對正名問題雖未設有專篇，但下面的材料，正可看出這一派人對名的重視。管子樞言第十二「有名則治，無名則亂；治者以其名。」「名正則治，名倚則亂，無名則死；故先王貴名。」心術上三十六「物固有形，形固有名，名當謂之聖人。」「物固有形，形固有名。此言（名）不（王念孫謂不字上當有名字）得過實，實不得延（張佩綸謂「延」乃過名之誤）名。姑（張佩綸謂姑當作故）形以形，以形務名。督言正名，故曰聖人。……無爲之道，因也。因也者，無益無損也。以其形，因爲之名，此因之術也。名者聖人之所以紀萬物也。」白心第三十八「是以聖人之治也，靜身以待之，物至而名自治之（尹註「循名責實，則下無隱情，故理」），則正名自治（原「治」下有「之」字，依王念孫校刪），奇名（原「名」字在「自」字下，依王念孫校正）自（原「自」字作「身」字，依王念孫校改）廢。名正法備，則聖人無事。」九守第五十五「循（原作修，依王念孫校改）名而督實，按實而定名；名實相生，反（猶還也）相爲情。名當實則治，不當則亂。名生於實，實生於德，德生於理，理生於智，智生於當。」以上的材料，大約是出現在戰國的末期。裡面是把儒、道、法三家，尤其是把道家的思想，摻和在一起的。

韓非集法家的大成；並取老子之言，以爲其法的根據，所以更重視形名的問題。下面僅引主道第五的一段材料作代表：

「有言者自爲名，有事者自爲形。形名參同，君乃無事焉，歸之其情。」

「故羣臣陳其言，君以其言授其事，事以責其功；功當其事，事當其言，則賞。功不當其事，事不當其言，則誅。」

由上面所引的簡單材料看，戰國中期以後，言政治的，幾無不受孔子正名思想的影響，對正名的內容，作各適應於其基本政治思想的規定。這裡應當附帶說明的是：自從嚴復以「名學」一詞作爲西方邏輯的譯名以後，便容易引起許多的附會。實則兩者的性格，並不相同。邏輯是要抽掉經驗的具體事實，以發現純思惟的推理形式。而我國名學則是要扣緊經驗的具體事實，或扣緊意指的價値要求，以求人的言行一致。邏輯所追求的是思惟的世界；而名學所追求的是行爲的世界。兩者在起步的地方有其關連，例如語言表達的正確，及在經驗事實的認定中，必須有若干推理的作用。但發展下去，便各人走各人的路了。中國文化中所以未曾出現形式邏輯，這不關係於文化發展的程度，而關係於文化的性格及其所追求的方向；即是它主要是追求行爲的、實踐的方向。

三、辯者與名家

名家一詞，出於司馬談論六家要旨；漢書藝文志，列有「名七家三十六篇」，並敍之謂：「名家者流，蓋出於禮官。古者名位不同，禮亦異數。孔子曰，必也正名乎。名不正，則言不順；言不順，則事不成；此其所長也。及訾（工鈞反）者爲之，則苟鉤鈲析亂而已。」

如前面所述，自孔子倡導正名思想之後，先秦各家，幾乎都有其正名思想。於是胡適認爲不應特立名家爲一家。馮友蘭則根據莊子上的材料，把漢志上所舉的名家七家，改稱之爲「辯者」。莊子天地篇「辯者有言曰，離堅白若縣寓。」天下篇「惠施以此爲大觀於天下，而曉辯者，天下之辯者相與樂之。」「辯者以此與惠施相應，終身無窮」。「桓團公孫龍，辯者之徒，飾人之心，易人之意；能勝人之口，不能服人之心，辯者之囿也。惠施日以其知與人之辯，特與天下之辯者爲怪，此其柢也。」「惠施不能以此自寧，散於萬物而不厭，卒以善辯爲名」。這一派人的特點，不是以解決現實問題而與人辯論，乃是爲了辯論的樂趣而與人辯論；由此可知馮友蘭把他們概稱之爲辯者，並無不當。而且在天下篇所舉當時辯者的二十三個論題中（惠施的十二論題除外），有的現在不能完全明瞭，有的分明是與公孫龍的主張相反，如「犬可以爲羊」者是；但有的却分明爲現存公孫龍子中的命題，如：「火不熱」，「目不見，指不至」，「狗非犬」等；則公孫龍之爲辯者之一，是沒有問題的。馮氏又因莊子秋水篇有「公孫龍問於魏牟曰，龍少學先王之道，長而明仁義之行；合同異，離堅白；然不然，可不可；困百家之知，窮衆口之辯，吾自以爲至達矣」

的一段話，認爲當時辯者可分爲「合同異」及「離堅白」兩派；這兩派在莊子及其學徒的心目中都是「辯者」，所以便由公孫龍一人的口中表達出來。若將天下篇所擧惠施的十二個論題，以作合同異一派的代表；而以今日可以看到的公孫龍子，作離堅白一派的代表；則馮氏這種說法，也是可以成立的。但並不能因此而否定司馬談的「名家」一詞的建立。

司馬談論六家要旨，把先秦思想，分爲六家，即是分爲六大類或六大派；這在思想史的整理、把握上，是一件了不起的工作。他的價值不關係於他對各家評斷的是否得當。他對名家的陳述是：

「名家使人儉（與檢通，按猶察也）而善（易）失眞。然其正名實，不可不察也」。又：「名家苛察繳繞，使人不得反其意；專決於名，而失人情，故曰使人儉而善失眞。若夫控名責實，參伍不失，此不可不察也」

司馬談與漢志對名家的陳述，有一不同之點；即是漢志以孔子的正名，爲名家主要地特徵；司馬談雖然也說他們是「正名實」，在這一點上，與其他各家的正名思想，似乎並無不同。但名家之所以爲名家，乃在於他們是「專決於名」。他們之所謂實，乃是專從名的本身去認定實。例如公孫龍的離堅白，乃是從「堅」是一名；「白」又是一名；因而推論堅爲一實，白又另爲一實；堅與白，雖由與石或其他物結合而爲人所拊所見；但未與石或其他物相結合時，堅與白仍潛伏（藏）於客觀世界（天下）之中而爲各自獨立之存在。在其他各家，對名與實之是否相符，乃是以觀察等方法，先把握住實；再由內外經驗性的效果以證明實，看名是否與此實相符；這是「專決於實」，而不是「專決於名」。換言之，諸家是由事實來決定名；而公孫龍這一派，則倒轉過來成爲由名來決定事實；他們是以語言的分析來代替經驗事實，而成爲玩弄語言魔術的詭辯派。司馬談乃至許多人對他們的批評，皆由此而來，所以把他們特稱之爲名家，以與其他主張正名各家的思想作一區別，並無不當。

問題的混淆，還是出在漢志。漢志一方面以正名爲此派主要的內容；而將此派的特色，僅歸之於「警者」。同時又把「合同異」的惠施一派，也歸在名家裡面；惠施可以說是「辯者」中的一派；但他實屬於荀子解蔽篇所說的「惑於用實以亂名」的一派，而不應屬於「專決於名」的一派。假使司馬談自己舉出名家的著作，恐怕不會把「惠子一篇」列在裡面。但這裡應附帶提出的是，荀子所說的「惑於實以亂名」的一派，就其所舉例證來看，如「山淵平，情欲寡，芻豢不加甘，大鍾不加樂」等，則他們之所謂實，乃指究竟性質之實，或可能性之實而言。他們是以這種實來破壞日常生活經驗中之實，因而破壞日常生活經驗中所立之名的。總之，「辯者」一詞，可以包括當時合同異與離堅白的兩派；而「名家」一詞，可以指的是「辯者」中離堅白的一派。

四、公孫龍及公孫龍子

史記孟荀列傳「而趙亦有公孫龍，爲堅白同異之辯。」又平原君列傳「虞卿欲以信陵君之存邯鄲爲平原君請封。公孫龍聞之，夜駕見平原君曰……平原君遂不聽虞卿。……平原君厚待公孫龍。公孫龍善爲堅白之辯。及鄒衍過趙言至道，乃絀公孫龍。」這與仲尼弟子列傳所稱的「公孫龍，字子石，少孔子五十三歲」，其另爲一人，至爲明顯。再將史記上面的記載，與呂氏春秋審應篇所載有關公孫龍的三個故事，及淫辭篇所載「孔穿公孫龍相論於平原君所」的故事，互相參照，則他是趙人，曾爲平原君客，其生年約與孟子、惠施、莊子、鄒衍諸人同時；也是大約可以斷定的。莊子徐無鬼有「然則儒墨楊秉四，與夫子（按指惠施）爲五」的話，成玄英疏「秉者公孫龍也」。列子仲尼篇殷敬順釋文謂「龍字子秉。」按成、殷皆唐人；成曾於貞觀間召至京師，則生年當在殷之前。成說在唐以前無可考；殷說太約因成說而於「秉」字上加一「子」字，以合於字之通例；此皆不可信。譚戒甫公孫龍子發微傳略第一引王啓原注，以鹽鐵論箴石第三十一有「賢良曰……此子石所以嘆息也」之語，以證明公孫龍亦字子石；譚氏以王氏之說「似得其實」。按上面賢良引子石語中，有「狼跋其胡，載踕其尾；君子之路，行止之道固狹耳」等語。又說苑雜言篇有「子石登吳山而四望，喟然而嘆息曰……」約二百餘字，楊樹達氏以爲此即鹽鐵論賢良之所本。我的看法，此乃眞孔子弟子公孫龍字子石之殘文賸義。與箴石第三十一前段丞相所引「公孫龍有言曰，論之爲道辯，故不可以不屬意……」，分明是兩個不同的故事，也是兩種不同的內容。無法把兩方面由不同的主張而各引內容互不相同的故事，牽合在一起。持堅白論的公孫龍，不會像子石樣去引詩述史的。

漢書藝文志著錄公孫龍子十四篇，原注「趙人」。隋志道家有守白論一卷。現存六篇；其八篇四庫全書總目提要，以爲亡於宋時。清姚際恒古今僞書考以爲「漢志所載，而隋志無之，其爲後人僞作無疑」。欒調甫有名家篇籍考，對此特加以解釋說：

「公孫龍子之名守白論，本書跡府篇云『疾名實之散亂，因資財（材）之所長，爲守白之論；假物取譬，以守白辯』。此其命名之由者一也。隋志雖錄於道家，然確知其不爲道家者，因老子云『知其白，守其黑，爲天下式』；道家旨在守黑，而論名守白，顯非道家之言，二也。唐成玄英疏云『公孫龍著守白之論，見行於世』。又云『堅白公孫龍，守白論者也』。此唐人猶有稱公孫龍子爲守白論，三也。復合隋唐兩志考之，隋志道家有守白論，而名家無公孫龍子。唐志名家有公孫龍子，而道家無守白論。是知其本爲一書，著錄家有出入互異。四也。至隋志著錄在道家，乃由魏晉以來，學者好治老莊書；而因莊列有記公孫龍堅白白馬之辯，故亦摭拾其辭以談微理；此風已自晉人爰俞開之（按見三國志鄧艾傳註引荀綽冀州記）；而後來唐之張游朝著沖虛白馬非馬論，新唐志列入道家。宋之陳元景錄白馬、指物二論以入其南華餘錄，亦在道藏。然則隋志之錄守白於道家，又何足疑。五也。

按上引欒氏的說法中，除老子的守黑，乃指柔弱之人生態度，與公孫龍的守白，僅係名詞上的巧合對應，在內容上並不相對應外，餘均可以成立。

五、公孫龍的批判者

公孫龍的堅白異同之論，從當時一直到漢初，發生了很大的影響，也引起了很多的批評。因爲他以專決於名的方法來正名實，事實上，是把常識上的名實關係都破壞了，這便引起人對客觀世界認識上的混亂。莊子常是把當時的辯者混淆在一起說。他對惠施的批評，幾乎也可以用到公孫龍方面。他是以超知忘言的態度來批評這些執名以爭實的人。除了齊物論中「以指喻指之非指」數語，係反對公孫龍的指物論白馬論以外；下面的話，雖然說的是楊墨，但實際主要指的是公孫龍。

「駢於辯者，纍瓦結繩（按所纍者瓦，所結者繩，言疲精於無用也。）竄句（按竄者移易變亂之意。竄句，變亂文句之意義。）遊心（遊心，放適其心。）於堅白同異之間，而敝（敝疲）跬譽（郭鎬仙「邀一時之譽」。按「敝」字下當奪「於」字）無用之言，非乎？而楊墨是已。」（駢拇）

又秋水篇下面的話，大概是莊子後學所紀錄緣飾，以伸張師說的。但很可由此以了解莊子與名家的區別。

「公孫龍問於魏牟曰，龍少學先王之道，長而明仁義之行；合同異，離堅白；然不然，可不可；困百家之知，窮衆口之辯，吾自以爲至達矣。今吾聞莊子之言，汒焉異之……令吾無所開吾喙，敢問其方。公子牟隱机太息，仰天而笑曰，子獨不聞夫埳井之蛙乎？……且彼（莊子）方跐音此，履也。黃泉而登大皇天也……始於玄冥，反於大通。子乃規規然而求之以察，索之以辯，是直用管闚天，用錐指地也，不亦小乎。」

莊子的批評，完全是超越於名實之上的批評。墨子經上下，經說上下，大取小取各篇，出於墨子後學之手；裡面許多是針對公孫龍的論點加以批評，而要使其歸於常識判斷之上的。茲略引最明顯的例子於下；

小取篇；「白馬馬也。乘白馬，乘馬也。」這分明是駁「白馬非馬」的論點。

經上：「堅白不相外也」。經下：「於一有知焉，有不知焉，說在存。」經說下：「石，一也。堅、白，二也。而在石。故有知焉，有不知焉，可。」以上分明是反對離堅白的。

經說上「二名一實，重同也」。這分明是反對「獨而正」的觀念的。

不過公孫龍子的名實論中，像「彼彼止於彼，此此止於此，可。」這種看法，除了不管公孫龍的「獨而正」的哲學思想外，實在有嚴格地語意學的意味，同樣被墨家後學所接受了的。

史記平原君列傳集解引劉向別錄曰：

「齊使鄒衍過趙，平原君見公孫龍及其徒毋綦子之屬，論白馬非馬之辯。以問鄒子，鄒子曰，不可。彼天下之辯，有五勝三至，而辭至爲下。辯者別殊類使不相害；序異端使不相亂。抒意通指，明其所謂，使人與知焉，不務相迷也。故勝者不失其所守，不勝者得其所求；若是，故辯可爲也。及至煩文以相假，飾辭以相惇按當作敦，說文「敦怒也，詆也」。，巧譬以相移，引人聲使不得及當作反其意，如此害大道。夫繳紛爭而競後息，不能，無害爲君子。坐皆稱善。」

鄒衍是從辯的正常目的、意義，來駁斥公孫龍以辯爲遊戲的。呂氏春秋淫辭篇下面的故事，則是以事實來駁斥公孫龍，也即是以實來正名的。

「孔穿、公孫龍相與論於平原君所，深而辯。至於藏三牙按孔叢子公孫龍篇作「藏三耳」者是也。公孫龍言藏之三牙甚辯，孔穿不應。少選，辭而出。明日，孔穿朝，平原君謂孔穿曰，昔者公孫龍之言辯。孔穿曰，然，幾能令藏三牙矣。雖然，難。願得有問於君，謂藏三牙，甚難而實非也。謂藏兩牙，甚易而實是也。不知君將從易而是者乎？將從難而非者乎？平原君不應。明日謂公孫龍曰，公無與孔穿辯。」

呂氏春秋的正名，離謂、淫辭諸篇，可以說都是主張以實正名，駁正公孫龍的觀點。公孫龍的觀點，即荀子解蔽篇所說的「此惑於用名以亂實者也。」荀子所舉的駁正的方法是「驗之名約，以其所受，悖其所辭，則能禁之矣。」按所謂名約，是指約定俗成之名而言，亦即是常識上的名。白帖傳之九引桓譚新論中的一個故事是「公孫龍常爭論曰，白馬非馬，人不能屈。後乘白馬無符傳欲出關，關吏不聽。此虛言難以奪實也。」「無符傳」，是沒有使馬得以通行的證件。站在公孫龍的觀點來說，白馬既不是馬，則他沒有馬的通行證，應無礙於他所騎的白馬的通行。但關吏則認定白馬即是馬，沒有馬的通行證，便不讓公孫龍騎着白馬通過；這即是以常識之所能接受，違反了公孫龍平日白馬非馬之辭（悖其所辭）。語言的玩弄，窮於事實之前。公孫龍以名亂實，荀子則用以實正名的方法加以糾正，使孔子的正名思想，依然回到應有的軌道。

六、先秦正名思想的完成

荀子把當時的詭辯派分為三派，各提出扼要的斥破方法。但我認為荀子最大的貢獻，除了對於名提出了「約定俗成」的最合理的說明之外，更提出了「制名之樞要」。這可以說是先秦正名思想的完成。茲將正名篇節引一段在下面，並略加疏釋：

然則所為（以）有名，與所緣（因）以同異，與制名之樞要，不可不察也。異形離心按指各人不同之心交喻。異物名實玄依王念孫校當作互紐說文十三上「紐，系也。一曰結而可解」。按從來釋此二語者，多與下文之意義相連而解釋為名實紛亂之意，恐不妥。此二語乃總說名之作用。上語是說異形之物，反映於各人不同之心，因名之作用而能使交相了解。如牛馬不同，因有牛馬不同之名而可使大家共同了解。下語是說各種不同之物，因能以名指實，而可使其互相關連而不亂（互紐）。如下文大共名大別名者即是。。貴賤不明，同異不別，如是則志必有不喻之患，而事必有困廢之禍。故知者為之分別制名以指實，上以明貴賤，下以辯同異；貴賤明，同異別，如是則志無不喻之患，事無困廢之禍，此所為有名者也。

「然則何緣而以同異，曰，緣天官楊注：天官，耳目口鼻心體也。凡同類同情者，其天官之意物也同按意物即認知物而加以判斷。故比方之疑似而通對疑似之物，由天官加以比較、辨別，即品類分明（通），是所以共其約名以相期也按約既非如楊注之為「省約」，亦非如王念孫之為「要約」。說文十三上「約，縛束也。」又周禮司約注「言語之約束也」。「約名」是將某名縛束於某事某物之上。更與人以此名互相約束。。形體色理以目異；聲音清濁調竽調竽，俞樾以竽為笑字之誤，王先謙以竽為節字之誤；與下文相對，皆不可通；不如姑從楊注，竽讀本字。奇聲以耳異。甘苦鹹淡辛酸奇味以口異。香臭芬鬱腥臊洒酸王念孫謂洒酸乃「漏庮」之誤。螻蛄臭曰漏，惡臭曰庮。奇臭以鼻異。疾養同癢滄寒也熱滑鈹當為鈒與澀同輕重以形體異。說（悅）故按故猶習也，即今所謂慣性。喜怒哀樂愛惡欲以心異。

「心有徵知楊注「徵召也」。按徵乃徵驗之意。心除對喜怒哀樂等之直接感覺以外，更能對其他天官所知者加以徵驗。其他天官所知者不徵驗之於心，則認識依然不能成立。俞樾因不了解心的兩層意義，故「疑此文及注並有奪誤」。直接感知之心。與其他五官在同一層次，而同為天官。由心的思惟與反省作用以徵驗天官之所知，此時之心，乃君臨於其他天官之上，為另一層次。。徵知則緣耳而知聲可也，緣目而知形可也按因心有徵知能力，故可因耳目等天官以完成對客觀之認識。。然而徵知必將待天官之當簿按簿是紀錄，當簿是合於客觀事物之紀錄。猶模寫也。其類，然後可也。按上文係說明天官之知，必待心加以徵驗；此句係說明心的徵驗，必以天官對事物之模寫爲其材料。。五官簿之而不知，心徵之而無說按說是解說，猶判斷，則人莫不然。王念孫以此然字爲衍文。按「莫不然」者，即「莫不如此」，與「皆」同義，故不必視爲衍文。謂之不知。此所緣以同異也按荀子之意，名所以徵表事物之異同。名之所以成立，係來自對事物之認識。而認識之所以能成立，一由於天官對事物之能模寫，此即所謂當簿其類。一由於虛一而靜的心體，對天官所模寫者能加以綜合判斷；此即所謂心有徵知。公孫龍僅從感覺上去作推論，而忽視了心的綜合與判斷的重大作用。。然後隨而命之隨同異以命其名。同則同之(名)，異則異之。單足以喻則單如「牛」、「馬」。單不足以喻則兼如「黃牛」、「白馬」。單與兼無所相避則共如甲家有一牛，乙家亦有一牛，此單之無所相避者，即共名之曰牛。此有一白馬，彼亦有一白馬，此兼名之無所相避者，即共名之曰白馬。；雖共不爲害矣千牛萬牛，不妨共名之爲牛。千白馬萬白馬，不妨共名之爲白馬。。知異實者之異名也，故使異實者莫不異名也。猶使異實楊注：「或曰，異實應爲同實」。王念孫謂或說是。者莫不同名也。故萬物雖衆，有時而欲偏舉之，故謂之物。物也者，大共名也。推而共之，共則有共，至於無共，然後止。按無共乃其上再無可共，過此以往，從經驗上言，即是無。無則無名，故然後止。有時而欲偏王念孫謂偏乃別之誤。俞樾謂係偏之誤。從俞說。舉之，故謂之鳥獸按「物」一名中，包括有許多東西，今僅舉其中之鳥獸。。鳥獸也者，大別名也鳥獸對於「物」而言則是別；但在鳥獸之名裡，還包括有許多可分別的名；鳥獸之名，對於它所包括的許多可分別之名而言，所以它是大別名。。推而別之，別則有別如鳥中有鷄，鷄中有公鷄母鷄大鷄小鷄等；至於無別，然後止至於無可再分別，過此以往，從經驗上說，也是無。無則無名，故然後止。

「名無固宜，約之以命。約定俗成謂之宜。異於約，則謂之不宜。名無固實，約之以命實。約定俗成，謂之實名。名有固善，徑易而不拂，謂之善名。按名並非來自與實之不可分，乃是來自集體生活中的一種相互約束；對某事某物約束之以某名，而得到大家共同承認時，此名與實乃發生固定之關係。所以說名無固宜，名無固實。但這並不否定名之有善有不善。何謂善，荀子舉出了兩個標準。第一個是「徑」，徑是徑直，即名與實中間本有一種距離；徑是兩者間的最短距離；例如貓名與實物之貓所發之聲相近，牛名與實物之牛所發之聲相近，這便是徑。第二個是「易」，易是平易，爲某集團生活慣性所容易接受之名。「拂」與易相反。物有同狀而異所者按荀子正名篇有「是非之形不明」的話；可知「狀」與「形」不同，狀乃事與物之狀態。如「急走」之「急」，是走之狀；「白馬」之白，是馬之狀。表現事物之狀的名，則爲對實加以形容之形容詞、副詞。形容詞加於名詞之上，副詞加於動詞之上；必如此，乃能界定嚴密，表現分明。同狀，如同爲白色；異所，如白馬、白鷄。「所」乃表示實之空間位置，與實同義。有異狀而同所者如幼、老爲異狀；某人由幼而老，仍爲同一個人，即係異狀而同所。。可別也。由形容詞、副詞之運用而可加以分別。狀變而實無別，而爲異者，謂之化。有化而無別，謂之一實某人由幼而老，這是狀變；但仍爲某人，這是實無別。但何以有老幼之異(而爲異者)？這是某人由年齡而來的生理上的變化；某人生理上雖有此變化，但並非另爲一人，所以依然謂之一實。。此事之所以稽實定數也因爲有形容詞與副詞之運用，所以能詳考其實，決定其具體之情況(定數)。此制名之樞要也。後王之成名，不可不察也。」

按公孫龍之弱點：㈠他以爲名有固實，因而執名以爲實。此與荀子名無固實者相反。㈡荀子對共名別名的提出，乃由認識客觀事物之分類系統，以形成名之分類系統；必如此而始能建立認識之秩序。公孫龍則似乎完全缺少此種觀念，或故意抹煞此種觀念；所以他只是停頓在感覺上，以玩弄語言的魔術；是軼出於正名思想之外的詭辯。

七、名家的價值

然則作爲名家代表的現存公孫龍子，有無研究價值呢？我認爲還是很有研究價值的。第一，關於戰國中期盛極一時的辯者，除了公孫龍子以外，只留下僅有結論而沒有立論根據的若干片鱗隻爪，僅足供後人猜啞謎之用。漢志著錄的鄧析子，已非出自鄧析本人；今日所能看到的，亦非漢志著錄之舊。現時所能看到的公孫龍子，雖係殘闕之餘；但剩下的五篇，皆首尾完具，猶得以考察其立論的根據和理論的線索。只憑這一點，已經有思想史上的價值。第二，中國傳統文化中，注重具體而忽於抽象，深於體驗而短於思辯。公孫龍因爲是「專決於名」，執名爲實；於是他的辯論，主要是順着語言的自身所展開的、離開了具體地經驗地事物的辯論。他口裡所說的具體物，如馬、石等、和它們的屬性，公孫龍認爲都是可以互相分離而獨立存在的；即使不能爲人的感官所見，有如白未與物爲白，堅未與物爲堅時，但它只是隱藏着而並不是不存在。這便與柏拉圖所說的共相，同一性格；他在這種地方，表現出很高的抽象能力。這種抽象能力，是倚賴他的思辨能力，才可以達到的。他之所以能困百家之知，是因爲他的辯論，有嚴密地抽象思辨能力，發揮了很嚴密地抽象推理作用。王啓湘在他所著的公孫龍子校註的序文中說「合同異者，名家所謂歸納也。離堅白者，名家所謂演繹也」，這當然是莫名其妙的亂說。但若把公孫龍的辯論，分別用形式邏輯把它來加以形式化，可能它裡面含有很高的純思維法則；很接近於古代希臘的形式邏輯。形式邏輯不管眞假而只管對、錯；他所發揮的影響力，主要是由這種形式邏輯的對、錯來的。這在中國思想史中，佔有一個很突出的地位。正因爲在中國文化中，缺少這一方面的努力，所以自西漢以後，他便沒有得到眞正地解人。近代治之者雖多，但收功較其他諸子爲更少；尤其是到譚戒甫的公孫龍子形名學發微出，而把這一部分思想，更投入到黑暗的深淵去了。治公孫龍子的重點，是在如何能把握到他所運用的思辯的法式；或者可以說，是在如何能把握到他的立論的「理路」，順着他的理路推演下去。而不重在於校刊訓詁。先秦諸子，都是以思想爲主的。但治先秦諸子的人，多缺乏思想的訓練，對於因自己的思想銜接不上，而無法看懂的，便在訓詁上亂變花頭，愈變離題愈遠，其中尤以半吊子的古文字學者的訓詁，如于省吾之流，更爲可笑。公孫龍子因爲是高度地抽象思辨性的作品，對於這類的訓詁家，更要算是無緣之物。我因爲年來講授中國哲學思想史的課程，每當講到這一部分時，常廢然而返。今春似偶有所啓發，不忍放過，便趕著寫了出來，以補中國人性論史先秦篇之所缺。我之所以寫成講疏體，就是想把他的理路擺清楚。當然在校刋、訓詁方面，我也重新下過一些考校的工夫。可惜我的邏輯訓練不够，不能把「心知其意」的，列成邏輯的形式。這一缺憾，我不知道將來有何人肯加以彌補。

從典籍中所遺留下的有關公孫龍的零星故事來看，可知他並非不重視當時政治的人。在現有公孫龍子五篇裡面，我發現在他的「故獨而正」的基本論點中，實因當時政治和社會的結構，把在人君以下的人們，都編入在一連貫的隸屬系列之中，使每人都成爲政治中的附庸，而失去了獨立性；他針對這點便以迂曲的方式，要求把每一個人，從這些隸屬系列的附庸中解放出來，以保持每一個人的獨立存在。如用現在的名詞說，他可能是一個近於楊朱的個人主義者。這種思想，在現存五篇的通變論中，稍有流露。在亡失的篇章中，可能有更多的發揮。可惜宋謝希深的註，都把它解釋到相反的方向去了。我常說：先秦許多寶貴的政治、倫理上的思想，常被長期專制下的學者所誤解，所傅會；此亦其一例。

歲在丙午中秋前一日徐復觀記於私立東海大學宿舍

跡府㈠第一

公孫龍，六國時辯士也。疾名實之散亂㈡，因資材之所長，爲守白㈢之論；假物取譬，以守白辯。

㈠俞樾曰：「楚辭惜誦篇，『言與行其可迹兮』，注曰『所履爲迹』；跡與迹同。下諸篇皆其言也。獨此篇與孔穿相問難，是實擧一事，故謂之跡。府者聚也。言其事跡具此也。」據譚戒甫在其公孫龍子形名發微中根據太平御覽四百六十四人事部引桓譚新論的「公孫龍，六國時辯士也，爲堅白之論；假物取譬，謂白馬爲非馬。非馬者，言白所以名色，馬所以名形也。色非形，形非色」的一段話，而認本篇「前段爲後漢桓譚所作；後段核由孔叢子抄襲而成」。按御覽所引桓譚之言，雖與本篇前段大體相同，然實有詳略之殊。若此篇前段係取桓譚之言，則必假定另有一人將桓譚之言，加以補充；以常情推之，此種可能性甚少。故無寧謂桓譚係節取此篇前段之言，更合於情理。至於後段述公孫龍與孔穿（子高）之故事，雖與孔叢子人約相同；然跡府實由兩個故事所編成；而孔叢子公孫龍篇則將兩個故事編成一個故事，稍加删改，以使此故事對孔穿有利。由文字剪裁所成的文體，亦兩不相同。後面又加上「異日，平原君會衆賓而延子高」的一段共四百四十六字，對公孫龍引孔子批評楚王所說的楚弓楚得的話，以爲和自己白馬非馬之論點相合，特加以詳盡的反駁。這分明是編造孔叢子一書的人取材於公孫龍子的跡府篇，而將內容加以變更的。這和孔叢子公孫龍篇另一「公孫龍又與子高汜論於平原君所」的一段故事，是取材於呂氏春秋淫辭篇，而稍加以潤飾的情形，完全是一樣的。

孔叢子之非出於曾爲陳勝博士的孔鮒，固不待論。此書始著錄於隋書經籍志。就其駁公孫龍之言加以考查，也很能爲名理之辯，可能是出於魏晉人之手。顧實、羅根澤們以爲出於王肅；然就書內孔家若干故事年代之特爲乖謬觀之，王肅決不致昧於史實若此；這有與王肅發生特殊關係之家語可證；故顧羅之說，實出於輕率之臆斷。以上就跡府篇之重要內容與其有關之資料，加以比較、考查，可知跡府篇當係戰國末期或西漢初年，名家後學，爲公孫龍所編之素樸傳記。清章宗源在其所著隋書經籍志考證中謂此篇「篇首至化天下焉一段，似劉向別錄語」，亦未可信；我以爲當劉向校書時，此篇即已存在，因而與其他五篇共構成全書之一部分，故得與於篇目之次第，大約是沒有多大問題的。

㈡散亂：按名所稱謂之實不確定，其語意可以轉移，是爲散。名實乖迕，是爲亂。

㈢守白：按「以守白辯」一語，最有意義。一般人對於「白」，不認其係有自性之獨立存在；推而至於其他之形、色、堅等，莫不皆然。公孫龍則堅持白、堅等皆爲有自性之獨立存在，故可以相離。守白者，堅持白之獨立性之意；此乃公孫龍與當時各家辯論之最大主題。隋書經籍志，稱公孫龍子爲守白論；成玄英莊子天下篇疏中謂「公孫龍著守白論」，皆由此處而來。

謂白馬爲非馬也。白馬爲非馬者，言白所以名色；言馬所以名形也。色非形，形非色也。夫言色，則形不當與㈠；言形，則色不宜從。今合以爲物，非也㈡。如求白馬於廐中，無有，而有驪色之馬；然不可以應有白馬也。不可以應有白馬，則所求之馬亡矣。亡則白馬竟非馬。欲推是辯，以正名實而化天下焉。

㈠與乃參與之意。

㈡公孫龍僅以爲「白馬」係一物；「馬」係另一物；不可將「白馬」與「馬」混爲一物。並非以色與形合爲一物（如「白馬」）是不對的。故此句及以下對白馬非馬之解釋全誤。

龍與孔穿，會趙平原君家。穿曰：「素聞先生高誼，願爲弟子久。但不取先生以白馬爲非馬耳。請去此術，則穿請爲弟子。」龍曰：「先生之言，悖。龍之所以爲名㈠者，乃以白馬之論耳。今使龍去之，此先敎而後師之也。先敎而後師之者，悖。且白馬非馬，乃仲尼之所取。龍聞楚王張繁弱之弓，載忘歸之矢，以射蛟兕於雲夢之圃，而喪其弓。左右請求之，王曰：『止，楚人遺弓，楚人得之，又何求乎？』仲尼聞之曰：『楚王仁義，而未遂也。亦曰，人亡弓，人得之而已，何必楚。』若此，仲尼異楚人㈡於所謂人。夫是仲尼異楚人於所謂人，而非龍異白馬於所謂馬，悖。先生修儒術而非仲尼之所取；欲學，而使龍去所敎；則雖百龍，固不能當前矣。」孔穿無以應焉。

㈠此「名」字非名譽之名，乃名實之名。

㈡宋謝希深註（以後簡稱「謝註」）楚王所謂人者楚國也。仲尼所謂人者天下也。故離白以求馬，衆馬皆至矣。忘楚以利人，天下感（王啓湘校注：感疑咸字之譌）應矣」。按謝註甚得孔子之意；然公孫龍白馬非馬之辯，用意並不在此。彼蓋以孔子爲主張「楚人非人」，以與其主張「白馬非馬」之論點相傳會；其精神與孔子全不相應。

公孫龍，趙平原君之客也。孔穿，孔子之葉也。穿與龍會。穿謂龍曰，臣居魯，側聞下風。高先生之智，說（悅）先生之行，願受業之日久矣。乃今得見。然所不取先生者，獨不取先生之以白馬爲非馬耳。請去白馬非馬之學，穿請爲弟子。公孫龍曰，先生之言悖。龍之學，以白馬爲非馬者也。使龍去之，則龍無以教。無以教，而乃學於龍也者，悖。且夫欲學於龍者，以智與學焉爲不逮也。今教龍去白馬，是先教而後師之也。先教而後師之，不可。先生之所以教龍者，似齊王之謂尹文也。齊王之謂尹文曰，寡人甚好士，以齊國無士，何也㈠？尹文曰，願聞大王之所謂士者。齊王無以應。尹文曰，今有人於此，事君則忠，事親則孝，交友則信，處鄉則順。有此四行，可謂士乎？齊王曰，善，此眞吾所謂士也。尹文曰，王得此人，肯以爲臣乎？王曰，所願而不可得也。是時齊王好勇。於是尹文曰，使此人大庭廣衆之中，見侵侮而終不敢鬬，王將以爲臣乎？王曰，鉅士也㈡？見侮而不鬬，辱也。辱則寡人不以爲臣矣。尹文曰，唯㈢見辱而不鬬，未失其四行也。是人未失其四行，是（未失）所以爲士也㈣。然而王一以爲臣，一不以爲臣，則向之所謂士者，乃非士乎？齊王無以應。尹文曰，今有人君將理其國，人有非，則非之；無非，則亦非之。有功則賞之，無功則亦賞之。而怨人之不理㈤也，可乎？齊王曰，不可。尹文曰，臣竊觀下吏之理齊，其方若此矣。王曰，寡人理國，信若先生之言，人雖不理，寡人不敢怨也。意未至然歟㈥？尹文曰，言之敢無說乎。王之令曰，殺人者死，傷人者刑。人有畏王之令者，見侮而終不敢鬬，是全王之令也。

而王曰，見侮而不鬪者，辱也。謂之辱，非之也。無非而王辱之，故因除其籍，不以爲臣也。不以爲臣者，罰之也。此無罪而王罰之也。且王辱不敢鬪者，必榮敢鬪者也。榮敢鬪者，(無)是而王是之㈦，必以爲臣矣。以爲臣者賞之也。彼無功而王賞之。王之所賞，吏之所誅也。上之所是，而法之所非也。賞罰是非，相與四謬，雖十黃帝，不能理也。齊王無以應焉。故龍以子之言有似齊王。子知難白馬之非馬，不知所以難之說；以此猶知好士之名，而不知察士之類。

㈠按此一故事，實與前一故事相同。僅後加「先生之所以教龍者，似齊王之謂尹文也」以下一大段，原出於呂氏春秋正名篇，現行尹文子反無之。它與呂氏春秋正名篇，僅在文字上稍有出入。其所以被加在前一故事的後面，正因漢志在「尹文子一篇」下有「說齊宣王，先公孫龍」的話；而尹文的這段話，又成爲呂氏春秋正名篇的主要內容；便由一位好事的人，硬把它和前一故事傅合在一起，一併編在跡府篇裡面。大概跡府篇原來僅止於前一故事的「孔穿無以應焉」。

㈡「鉅」同「詎」，豈也。「也」同「耶」；此語乃驚異之詞，意謂那還算得是士嗎？

㈢「唯」，呂氏春秋正名篇作「雖」。古「唯」「雖」通用。

㈣此句呂氏春秋正名篇作「是未失其所以爲士矣。」此處脫「未失」二字。

㈤本文之「理」字「人」字，在呂氏春秋正名篇皆作「治」作「民」；蓋避唐時之諱而改。按唐書藝文志名家「公孫龍子三卷、陳嗣古注」。又「賈大隱注一卷」。兩注皆不傳；惟此種改字，殆陳、賈輩爲之。

㈥此句呂氏春秋正名篇作「意者未至然乎」，蓋謂「恐尙未到這種情形」。

㈦此句依譚嗣甫校補「無」字。

白馬論第二

白馬非馬，可乎？曰，可。曰，何哉？曰，馬者所以命形也。白者所以命色也。命色者非命形也；故曰，白馬非馬。

謹按公孫龍之白馬論，乃其「故獨而正」（堅白論）的主張的一個重要例證。公孫龍以爲「白馬」一詞，兼「命色」、「命形」兩義；「馬」則僅爲命形之詞。若以「白馬」爲「馬」，則係以 色＋形＝形，此種等號是不能成立的。故白馬非馬之形式爲 白(色)＋馬(形)≠馬。

曰，有白馬，不可謂無馬也。不謂無馬者，非馬也？㈠有白馬爲有馬，白之㈡非馬，何也？

㈠俞樾諸子評議補錄卷五（以後簡稱「俞氏曰」），「非馬也，當作非馬耶？古也、耶通用」。

㈡「白之」的「之」字，應爲「馬」字之誤。蓋「白之非馬」，本無問題，問題乃「白馬非馬」。

難者之意以爲：現實上，世間實有白馬（「有白馬」），不可以此實有之白馬爲無馬。對世間實有之白馬不可謂其爲無馬（不謂無馬者），即是謂其爲有馬。既謂其有馬，豈可謂爲非馬？由此可知有白馬即是有馬（「有白馬爲有馬」）。則你說白馬爲非馬，是什麼緣故？

曰：求馬，黃黑馬皆可致；求白馬，黃黑馬不可致。使白馬乃馬也，是所求一也。所求一者，白者㈠不異馬也。所求不異，如㈡黃黑馬有可有不可，何也？可與不可，其相非明。故黃黑馬一㈢也，而可以應有馬，而不可以應有白馬；是白馬之非馬審矣。

(一)「白者不異馬也」之「白者」同於口語的「白的」，即指白馬而言。

(二)「如黃黑馬有可有不可」句之「如」字作「而」字解。

(三)此「一也」，指與白馬的情形相同之意。

按此答乃分爲兩層次；前一層次，係就現實加以答覆；後一層次係就名言觀念加以答覆。其意謂：若擧「馬」之名以求馬，則各色之馬皆概括於「馬」的名詞之內，而各色之馬皆可致。（「求馬，黃黑馬皆可致」）。若以白馬之名求馬，則白馬可致，而白馬以外之馬不可致。（「求白馬，黃黑馬不可致」）；此在現實上是如此。若白馬等於馬，則求白馬與求馬，其所求之結果應當是相同的（「是所求一也」）。所求之結果相同，始可證明白馬一詞之不異於馬（「白者不異馬也」）。若以爲所求的結果不異（「所求不異」），而各色之馬可招致於馬的名言；而不可招致於白馬的名言，這是什麼原因（「如黃黑馬有可有不可，何也」？）「可」與「不可」的兩概念的互相排斥，這是很清楚的。（「可與不可，其相非明」）。所以黃黑馬的情形是與白馬相同的；照你的說法，黃黑馬也可以說是有馬（「而可以應有馬」），但所有者乃黃黑馬而不可以應有白馬（「而不可以應有白馬」）；則白馬之爲非馬，是很清楚的。

又按此段若以形式邏輯上全稱與特稱之關係解釋，則馬爲全稱，白馬爲特稱；故馬可以包涵一切有色之馬；而白馬只能包含白色之馬，不能包涵白色以外之馬。但公孫龍之建立白馬非馬的命題，若重在特稱與全稱之區別，則特稱之馬，亦當爲全稱之馬所涵；白馬雖非馬之全，但仍爲馬中之一，而不可謂白馬非馬。公孫龍所重者乃在由全稱、特稱所包涵內容之不同，而導出「可與不可」的兩互相排斥之觀念，以證明「白馬非馬」，即證明「白馬」與「馬」的觀念，各爲獨立的觀念，並無關連。

曰：以馬之有色爲非馬，天下非有無色之馬也。天下無馬，可乎？

難者：若以白馬爲非馬，是認爲凡有色之馬皆非馬。天下之馬皆有色，並沒有無色之馬。以有色之馬爲非馬，是天下無馬。天下本有馬而認爲無馬，可以嗎？

曰：馬固有色，故有白馬。使馬無色，有馬如㈠己耳，安取白馬？故白者非馬也。白馬者，馬與白也；馬與白馬也㈡。故曰白馬非馬也。

㈠一般註釋家，皆以「如已」之「如」作「而」字解，恐非是。此字當作「己」，不當作「已」。「如己」之「己」，指馬而言。「如己」，即恰如馬之自身。

㈡此句或爲「白與馬也」之誤。按下文難者「白未與馬爲白」之言可證。

前面以「白馬」之觀念，必排斥「馬」之觀念，以證明白馬非馬。此處則反而以馬之觀念，必排斥白馬之觀念，以證明白馬非馬。其意以爲：馬本有顏色，所以才有白馬；但馬之一詞，並不涵有顏色。假定馬無顏色，則所有之馬，皆成爲恰如馬一詞所表示之馬（「有馬如己耳」），此時更何取乎有白馬？由此可知若眞有如馬一詞所表現之馬，則白馬即不能成立。是在馬之觀念中，排斥白馬之觀念。其所以排斥白馬，是因爲它加上了白的因素，而白並不是馬（故白者非馬也）。所謂白馬，是馬結合著（與）白（「馬與白也」），也是白結合著馬。已經說過，白不是馬，則馬結合著白，或白結合著馬，因而「白馬」的觀念中，實含有「白」這一非馬的因素在裡面，所以說白馬非馬。

曰：馬未與白爲馬，白未與馬爲白。合馬與白，復名㈠白馬，是相與以不相與爲名，未可。

故曰，白馬非馬，未可。

㈠俞氏曰，「復名，兼名也。荀子正名篇『單足以喻則單；單不足以喻則兼。』楊倞注曰，『單，物之單名也。兼，復名也。』」

難者意謂：你(公孫龍)上面「白馬者馬與白也，白與馬也」的說法，是認馬未結合着(與)白，則僅爲馬而非白。白未結合著馬，則僅爲白而非馬。把馬和白結合在一起，所以兼二者而復名「白馬」，是你以白馬乃由代表兩個獨立因素所成立的名詞。但白馬一詞是由白和馬之「相與」(相結合)而成立；而馬之名，白之名，是由馬和白之「不相與」而成立。若白馬一詞，仍爲代表兩個獨立因素，則是由「相與」而來的「白馬」，依然是以互不相與的獨立之白與馬爲名，那如何可以呢。白馬並非由獨立之白與獨立之馬所結合而成，而只是「白顏色地馬」。既是白顏色地馬，所以你說白馬非馬，是不可以的。

按公孫龍以白馬之白爲一獨立之因素，「白馬」乃白加上(相與)馬。此白字馬字，皆作名詞用。難者則以白馬爲白色之馬，白字作形容詞用，故白無獨立意義，而係以馬爲主。

曰：以有白馬爲有馬，謂有白馬爲有黃馬，可乎？曰，未可。曰：以有馬爲異有黃馬，是異黃馬於馬也。異黃馬於馬，是以黃馬爲非馬。以黃馬爲非馬，而以白馬爲有馬，此飛者入池，而棺槨異處，㈠此天下之悖言亂辭也。

㈠王啓湘公孫龍子校詮(以後簡稱「王詮」)，「飛者入池，喻强合異以爲同。棺槨異處，喻强離同以爲異」。

答者之意以爲：若以有白馬爲有馬，則是以白馬即等於馬。以白馬即等於馬，則馬中亦可涵有黃馬；因之，謂白馬為馬，即等於以「有白馬」為「有黃馬」；但這在事實上是可以的嗎？難者只好答謂那當然是不可以的（「曰未可」）。於是接著說：然則既以「有馬」為異於「有黃馬」，那是承認黃馬不同（異）於馬。既以黃馬不同於馬，這即是以黃馬為非馬。既以黃馬為非馬，却以白馬為有馬，這恰似認為飛的東西可以入池；而棺槨又可以異處。此乃天下的悖言亂辭；亦即是不正之名了。

曰：有白馬，不可謂無馬者，離白之謂也。是離者㈠有白馬不可謂有馬㈡也。故所以為有馬者，獨以馬為有馬耳，非有白馬為有馬；故其為有馬也。不可以謂馬馬㈢也。

㈠王詮「道藏本及陳本，『是離』作『不離』。」歸本同。

㈡俞氏曰「有馬」當作無馬。涉下文三言有馬而誤耳。此即承上不可謂無馬而言，亦難者之辭。言吾所謂有白馬不可謂無馬者，止論馬不馬，不論白不白，故曰離白之謂也。就此所離者而言之，白為一物，馬為一物。明明有白有馬，不可謂無馬也」。王詮以「有馬二字不誤，俞說非」。按原文若作「是離者」，則應如俞說「有馬當作無馬」。若「是離者」，如道藏本為「不離者」，則「有馬」不當作「無馬」。觀下文講疏可知。今從俞說。

㈢俞氏曰「若必以白者為非馬，則白者何物乎？白即附於馬，不可分別；故見白馬，止可謂之有馬而已。不然，白馬一馬，馬又一馬，一馬而言，是馬馬矣」。按此說非是。蓋難者之意以為天下沒有無色之馬；故稱具體之馬，必連其色而稱之；如白馬，黃馬等。若以有色者即非馬，則只好「馬馬」，「馬馬」者，乃對白馬、黃馬等而言；「白馬」是「白的馬」；「馬馬」是「馬的馬」；「馬的馬」，不成意義，故謂「不可以謂馬馬也」。

難者謂：我認爲有白馬，不可謂爲無馬的原因，是離其色之白，專指馬之形而言之。旣離其色之白（是離者），則白馬不計其白之色而尚有其馬之形，即不可謂爲無馬。所以認爲有馬，僅以離色後之馬爲有馬；並非以未離色的白馬爲有馬。但白色旣附著於馬之上，便只好稱之爲白馬；所以也只好以白馬爲有馬」，（故其爲有馬也）。凡馬皆有色，故對現實之馬，無法不加上某種顏色去稱謂它；總不可爲了避免涉及馬的色而將現實之馬稱爲馬馬吧！

若列式以表之，則應爲　白＋馬＝白馬，白馬－白＝馬　∴白馬爲有馬。

曰：白者不定所白，忘之而可也。白馬者，言白定所白也。定所白者非白也。馬者無去取於色，故黃、黑皆所以應。白馬者有去取於色，黃、黑馬皆所以色去，故唯白馬獨可以應耳，無去者非有去也。故曰白馬非馬。

按此段之前半段在斥破難者以爲白馬可離色而獨以其馬之形爲馬，乃特指出若僅就白而言，它是一種共相，當它未曾定著於某物時，可以把它（白）忘掉。（按「忘」即難者之所謂「離白」之「離」。白無所定，即無所謂離，故以忘易離。）至於白馬，這是說明白已經定著於馬上之白；定著於馬上之白，並非「不定所白」的共相；因而此白馬之白不能將其加以捨離而使其僅以馬見。故白馬即是白馬，不能離白而存馬，因而不能即以白馬爲有馬。馬之名是無所去取於色，故僅言馬而各色之馬（黃、黑）皆可以應。白馬之名，則在色上有所去取，白馬以外的各色之馬（黃、黑馬）皆爲白馬之名所排斥，而僅有白馬可以與白馬之名相應。馬之名是無去於色；白馬之名，是有去於色；「無去」的觀念，不同於「有去」的觀念，所以說白馬非馬。

指物㈠論第三

物莫非指㈡，而指非指㈢。

㈠指物，係言指與物之關係及其區別。此篇爲公孫龍之認識論。

㈡指係認識能力及由認識能力指向於物時所得之映像。認識能力因指向於物而見，故可稱之爲指。指向於物而得到物之映像，此映像係由指而來，故亦可稱之爲指。認識能力，在當時謂之「知」，或「心知」。詳見附錄一。

㈢非指，乃言指並非有自性之獨立存在。公孫龍之意，有一名，即有一實。有指之名，即有指之實。但指之自身乃認識各種之物，反映各種之物，而並非徵表一固定之物。是雖有指之名，並無指之實；因實皆佔一固定之時空位置，而指則否，是指之名即含有自我否定之意。「非指」即說的是指因不徵表固定之實，而指名乃成爲自我否定之意。吾人所以能認識客觀之物，全賴吾人之認識能力指向於物，同時即將物帶入於主觀之認識能力中，而成立某物之映像。若沒有此認識能力及由認識能力而來之映像，則吾人根本對客觀物不能發生認識作用，而不知天下之有物。是天下之物，皆由指而見，所以說物莫非指。但此認識能力與映像之本身（指），並非有自性之獨立存在。因爲不如此，即不能普遍認識客觀之物，而且有主觀與客觀兩相混淆之弊。

天下無指物㈠，無可以謂物㈡。

㈠指物，是由指而見之物。

㈡謂物，是對物之名而加以稱謂，此係認識之初步肯定結果。認識物，必先在主觀中成立物之映像；其下一步即爲知某物之名而加以稱謂。

天下若無由指而見之物，則根本不能認識有某物。既不能認識有某物，即無法得某物之名而加以稱謂。此句釋「物莫非指」。

非指者，天下㈠而㈡物，可謂指乎？

㈠此處之天下，實猶今語之所謂客觀。下同。

㈡而猶是也。左宣十五年「余而所嫁婦人之父也」，論衡死僞篇引作「余是所嫁婦人之父也」。

物雖由指而見，但指之自身，並非是一種有自性之獨立存在，而實爲「非指」。其所以如此，乃因指若係有自性之獨立存在，則指必爲在客觀中佔有某一固定時空位置之物。可是客觀中皆係佔有時空位置之物；而指乃主觀之活動，並不在客觀中佔有固定之時空位置；則可謂客觀中有指之存在嗎？此句釋「而指非指」。

指也者天下之所無也。物也者天下之所有也。以天下之所有，爲天下之所無，未可。

由認識能力指向客觀所成立之映象，此乃屬於人的主觀之中，而爲客觀中之所無。但被指向之物，必佔有時空之位置，而爲客觀中之所有。以客觀中所有之物，認作是客觀中所無之指，映像與實物，兩相混淆，這是不可以的。

天下無指，而㈠物不可謂指也。不可謂指者，非指也。

㈠而猶以也經傳釋詞卷七按以有因之義。

我說客觀中沒有指，是因客觀中之物，有其固定之時空位置，不可謂物爲指。物不可謂之爲指，以此可知指並非有自性之獨立存在，（非指也）所以它不同於物。

非指者，物莫非指也。

正因主觀中之映像，係隨起隨滅，不佔固定之時空位置，所以可隨認識對象之變化而變化。正因使映像得以成立之認識能力，其本身係虛而非實，是無而非有，所以能遍照萬物，使萬物皆得進入於主觀之中以成立映像，作爲主觀認識客觀之媒介。由此可知正因指之自身爲非指，所以才可使天下之物，莫不由指而見。

天下無指，而物不可謂指者，非有非指也。

所以認爲天下無指，而物不可謂指，是因爲指非天下之所有（非有）；而指之自身，又係一種自我否定的虛、無的性格（非指）。

非有非指者，物莫非指也。

正因指非客觀中之實有；而指之自身，又係一種無自性之虛、無性格，所以當人認識物時，物皆可以指爲媒介，而被人所認識（物莫非指），此乃認識得以成立之基本條件。

物莫非指者，而指非指也。

所有客觀之物，皆可由指而見，正因指之自身非係有自性之獨立存在。此意蓋謂若指係一有自性之獨立存在，則指亦爲客觀中之一物。指若爲客觀中之一物，則其他之物，何能緣指而得爲人所認識。鏡無色，故能照各種之色。若鏡之自身即係某一有獨立性之顏色，又何能對各種顏色皆能加以照察。

天下無指者，生於物之各有名，不爲指也。

客觀中本無所謂指。而客觀之物，畢竟須緣指以見，以成爲「物莫非指」之現象，是因爲吾人之主觀與客觀之物相關涉以成立認識時，首須使物各有一名；而物名係緣指而成立。故指之所以出現，係爲主觀與客觀間之媒介以定物之名；並非爲指之自己呈現自己（不爲指也）而出現。

不爲指而謂之指，是兼㈠不爲指

㈠俞氏曰「兼乃無字之誤」。按兼字不必改；此處乃「同時含有」之義。

指之作用，並非爲指之自身（不爲指）；但將此作用而仍謂之爲指，是指的名謂的成立，同時即含有自己否定自己之意。即人雖將此作用而稱之爲指，但此作用係指向於物而並非指向於其自身，故指即同時含有不爲指之意。

以「有㈠不爲指」，之㈡「無不爲指」，未可。

㈠「有猶又也」經傳釋詞卷二

㈡之，是也。經傳釋詞卷九

把（以）又不爲指之自身的指，當作「是無不爲指」之物，使呈現於主觀中之映像，混同於客觀存在之物；這是不可以的。公孫龍的所以要强調這一點，是因爲公孫龍認定由名所稱謂之物，即使如「堅」

「白」等，在未與他物爲堅爲白而自藏，以致不能爲人感覺所及時，它依然是存在於客觀世界之中，而未嘗消滅。至於能爲感官直接所把握到之物，其眞實之存在性是更無可疑的。惟映像（指）則隨起隨滅，並非一眞實之存在；若不加以嚴格的區別，則眞假混而不分，名實的關係亦無從釐定了。

且指者天下之所兼。天下無指者，物不可謂無指也。不可謂無指者，非有非指也。

且指能無所不指，所以指乃天下萬物所共有（兼）。客觀世界中雖然無指，但物必賴指之媒介而始能爲人所認識，物乃因指而見，所以物不可以謂無指。物之所以不可謂無指，正因指既非客觀世界中之所有；而指之自身又非有自性之獨立存在，故其活動，亦非指向於其自身（非指）。

非有非指者，物莫非指。

指若爲天下之所有，則指亦爲客觀世界中固定之一物，而不能指向於客觀世界中一切之物。指若係一有自性之獨立存在，其活動乃指向於其自身，則指僅爲主觀活動之一種狀態，更不能關涉於客觀世界中一切之物。正因其既非天下之有（非有），其活動亦非指向於指之自身（非指），故可指向於客觀世界中之一切物（物莫非指），而加以認識。

指非非指也。指與㈠物，非指也。

㈠與乃連帶之意。「指與物」，即「指連帶著物」。

指乃主觀的一種能力活動，這也是主觀中的一種實在；從這一角度看，指並不是非指。指之所以爲非指，因爲指必有所指，即指必連帶著物，指乃因物而見，故指無自性而爲非指。

使天下無物指㈠，誰徑謂非指？天下無物，誰徑謂指？

㈠「物指」，是由物而來的指；指由其所指之物而見；故稱為「物指」。這是對指的自身所作的分別。物亦由指而始為人所見，故前文稱為「指物」。「指物」是由主觀認向於客觀。「物指」是由客觀反映於主觀。假使天下沒有連帶著物之指，指能以其自身之面貌而呈現，誰能逕直說指不是指？但是，假使天下沒有物，則指無所施，又誰會逕直說有所謂指的活動。所以一說到指，便是「物指」。既是物指，則僅就指之自身而論，依然為非指。

天下有指無物指，誰㈠徑謂非指？徑謂無物非指？

㈠此誰字直貫下一句。

假使天下有指而無物指，則所謂指者即是指的自身，誰能徑直說「而指非指」？若指即是指的自身，與客觀之物無涉，又誰能徑直說「無物非指」？

且夫指固自為非指，奚待於物。而乃㈠與為指。

㈠按經傳釋詞第六，「乃猶而也」。又第七，「而猶乃也」。此處而乃為複辭。

以上言指之非指，都就指與物之相對關係上而言，以指出物在客觀世界中佔有一定之時空位置，而為客觀世界中之所有；指則不佔一定之時空位置而為客觀世界中之所無。此處則更進一層的指出：指之所以成其為指，正因指之自身為非指，即正因其自身非某種有自性之獨立存在。何待在與客觀物相對比之下而始能了解其為非指。也正因指之自身即是非指，所以客觀之物，乃得與其相連結在一起以成就指之功用。

通變論第四

曰，二有一乎？曰，二無一。

在普通的看法，一加一等於二，則二中必有一。故假設爲難者問：「二中有一嗎」？答謂：「二中無一」。蓋公孫龍認定二爲獨立之概念；一亦爲獨立之概念。若二中有一，則二不僅是二，這即是「出其所位」。故他認定二便只是二，一便只是一。此正其「故獨而正」的基本觀點之應用。以下之左、右問題，皆發揮此義。

曰，二有右乎？曰，二無右。曰，二有左乎？曰，二無左。

難者以爲：若二由二物並列而成，則此並列之二物，應可分列爲左、爲右。故問「二中有右嗎」？答謂，「二中沒有右」。又問，「二中有左嗎」？答謂，「二中沒有左」。

曰，右可謂二乎？曰，不可。曰，左可謂二乎？曰，不可。

因二有右與左兩部分，而始產生右與左之兩概念；是右與左，與二之所以爲二不可分。所以難者問「右可以稱爲二嗎？」答謂「不可」。又問，「左可以稱爲二嗎？」答謂「不可」。

曰，左與右，可謂二乎？曰，可。

難者問：「左關連上右，可稱爲二嗎」？答謂「可以」。按左與右之可稱爲二，是因爲二是兼左右而言，此與上文之僅以右稱之爲二，或僅以左稱之爲二，並不相同。

曰，謂變非不變㈠，可乎？曰，可。

㈠俞氏曰，「既謂之變，則非不變可知，此又何足問耶？疑不字衍文也。」按以下文推之，「不」字非衍文。「謂變非不變」者，意謂「變即可以算是變嗎？」蓋難者以爲一加一爲二，或二可分爲一，可分爲左、右，此是一種變；而公孫龍認爲二無一，左右不可謂二，是不以變爲變；故難者有此問。

難者問「說變動就是變動，可以嗎？」答謂「可以」。

曰，右有與㈠，可謂變乎？曰，可。

㈠按「與」乃伴與之與。所謂右有與者，謂右與左關連在一起；左即成爲右之伴與。

難者問：「右有了伴與，可稱爲變嗎？」答謂「可稱爲變。」

曰，變隻㈠。曰，右。

㈠俞氏曰，「變隻無義。隻疑奚字之誤。變奚者，問辭也。」

難者問「右變爲什麼呢」？答謂「右變爲右。」

按公孫龍既承認「右有與」爲變；又謂右變的結果仍爲右，正是不以變爲變。

曰，右苟變，安可謂右？苟不變，安可謂變？

難者謂：右若因有與而變，則何可仍謂之右？既仍謂之右，則是未嘗變。假使未嘗變，又何可謂之變？

曰：二苟㈠無左又無右。二者左與右奈何？羊合牛，非馬。牛合羊，非雞。

㈠苟，誠也。論語里仁篇「苟合矣……苟完矣……苟美矣」

答謂：二就是二，實無左，又無右。如何（奈何）可以認二爲左與右呢？羊加（合）牛，乃是「羊牛」，而非「羊牛」以外之馬。牛加羊，乃是「牛羊」，而非「牛羊」以外之雞。意謂：左加右，或右加左，乃是左右和合之二；二不是右，也不是左。二既不是右，也不是左，所以右雖連著（有與）左而變，但右既不可以爲二，所以右依然是右；左亦不可以爲二，所以左依然是左。

曰，何哉？

難者問：「這是什麼緣故？」

曰：羊與牛唯㈠異；羊有齒，牛無齒㈡。而羊牛之非羊也，之非牛也㈢；未可。是不俱有，而或類焉。

㈠按唯與維通，此處應作「是」字解。孫詒讓氏謂此處之唯與雖通，非是。

㈡古今樂錄載梁三朝樂之俳辭謂「馬無懸蹄，牛無上齒。」按牛無上面的門牙及犬牙，故謂牛無齒。

㈢按謝注本此處作「而羊之非羊也，牛之非牛也。」崇文百子本作「而牛之非羊也，羊之非牛也。」此據道藏本。蓋謝注本上句失一「牛」字，下句又多出一「牛」字。崇文百子本求其解而不得，故妄改。

答謂：羊與牛是相異的；例如羊有齒而牛無齒。羊與牛相加而爲「羊牛」的新概念，猶左與右相加而爲二的新概念。此「羊牛」的新概念，係表示羊牛之和，而成爲羊牛之同時存在。所以它既不是羊，也不是牛。以「羊牛」的新概念爲羊或爲牛，這是不可以的。舉牛並非同時舉羊，舉羊亦非同時舉牛（是不俱有），所以與「羊牛」同時存在的情形不同。但有人以爲「羊牛」與羊、或牛，是同類的，那是一種錯誤。

羊有角，牛有角。牛之，而羊也；羊之，而牛也，未可。是俱有，而類之不同也。

羊和牛，在有角的這一點上，雖然相同。但羊合牛，則羊牛係同時存在；在「羊牛」的新概念中，有牛而僅舉羊（牛之而羊也），其中有羊而僅舉牛，（羊之而牛也）這都是不可以的。其中同時有羊有牛（是俱有）；但羊牛的複詞，與羊或牛的單詞，是不同類的。

羊牛有角，馬無角。馬有尾，羊牛無尾㈠。故曰羊合牛非馬也。非馬者，無馬也。無馬者，羊不二，牛不二，而羊牛二。是而羊，而牛，非馬，可也。

㈠譚戒甫曰，「羊牛無尾，謂無鬃毛長尾。」按說文八下尾部「尾，微也；从到（倒）毛在尸後。」是尾本指尾部之長毛而言；馬有此長毛而羊牛無之，故謂羊牛無尾。

羊牛有角，馬無角；馬有尾，羊牛無尾；所以說羊合牛不是馬。其所以不是馬，因在羊合牛中沒有馬。其所以沒有馬，因爲羊僅是羊，牛僅是牛，皆不是二。只有羊牛，合在一起，始變而爲二。（而羊牛二）雖變而爲二，但此乃由羊合牛而來，其變的結果亦僅爲羊與牛的同時存在，不會變爲第三者的馬（非馬）。意謂在數量之變中，不會變爲異質的東西。

若舉而以是，猶㈠類之不同。若左右，猶是舉。

㈠猶與由通。

若如上所述（舉），羊不是二，牛不是二，僅「羊牛」才是二，這是因爲「羊」或「牛」的單名詞，與「羊牛」的複名詞是不同類的。若前面所說的左右與二的關係，正與這裡所述的相同。

牛羊有毛，雞有羽。謂雞足一，數雞足二。二而一，故三。謂牛羊足一，數足四。四而一，故五。牛羊足五，雞足三。故曰牛合羊，非雞；非有，以非雞也。與㈠馬以㈡雞，寧馬。

㈠與，如也。即「如或」之意。見廣雅。

㈡以，與也。見廣雅。

前面曾說過「牛合羊非雞」。夫牛羊有毛，而雞則有羽；其爲不同類，固顯而易見。即以足言之，當我們說「雞足」一詞時，這對雞足而言，只表現其爲一；但實數其足，則有二。實數之二，加「雞足」之一，所以是三。當我們說「牛羊足」一詞時，對牛羊足而言，只表現其爲一。但實數其足，則有四。實數之四，加「牛羊足」之一，所以是五。牛羊足五，雞足三，依然是不同類；所以說，牛合羊，雖變而爲「牛羊」，但不是雞。並不是在牛合羊之變化中，本有雞而以爲不是雞。（非有，以非雞也）牛合羊之變的結果，雖非馬、非雞；但馬之類，究和牛與羊之類爲近；所以如或將馬與雞，以之和牛與羊相較，則馬與牛或羊反相近。

材、不材，其無以類，審矣。舉是㈠亂名，是謂㈡狂舉。

㈠是，猶則也。

㈡各本多作「舉是謂亂名，是狂舉。」子彙本、守山閣本、繹史本、傅本，作「舉是亂名，是謂狂舉」，今從之。

凡不同類者不可以同舉；材與不材之無以相類，也同上述牛、羊、馬、雞，之不相類，這是很清楚的。羊合牛而變爲「羊牛」，決不會變爲非類之馬或雞。把一羣不材者用在政治上，也不能使因不材者的量變，而成爲「材者」的質變。將不材者作爲材者而舉之於政治之上，則是亂其名。是之謂狂惑之舉。

按上文的許多曲折，用意或係在於逼出此種政治上用人之主張。

曰：他辯。

難者要求再就其他對象以辯論上述之問題。蓋因對不材者之斥責，旣已點出，故又設法閃開。

曰：青以㈠白非黃。白以青，非碧㈡。

㈠以，猶與也

㈡說文一上「碧，石之青美者。」是碧不僅爲一種色，而且爲一種石；故與白、黃之純爲色者不同。

答謂：青連著白變爲青白，而不是黃。白連著青變爲白青，而不是碧。

曰：何哉？

曰：青白不相與而相與，反而㈠對也。不相鄰而相鄰，不害其方㈡也。不害其方者反而對。名當其所，左右不驪㈢。

㈠譚戒甫謂「反而對也句，原缺『而』字；茲據下文『反而對』句增。」

㈡莊子山木「方舟而濟於河」，釋文「方，併也」。此處乃併存之意。

㈢謝注「驪，色之雜者也」。

答謂：「青自青，不待白而青；白自白，不待青而白；是青白原不相與。而青可以連著白，白可以連著青，這是在不相與之中而又相與；其原因是青白之色固然相反；但青因白而愈顯，白亦因青而愈顯，是在相反之中，而又互相對應。（反而對也）青自青，白自白，本不相鄰近；而可以相鄰近的原因，是因爲雖相鄰近而並不妨害青白的同時併存；即：並不妨礙各自之獨立性。（不害其方也）白青相與而不妨害其同時併存，正因其相反而又可互相對應。如此，則青白兩色，各得其所，恰如前所述之左右不相混雜（左右不驪）。

故一於青不可，一於白不可。惡乎其有黃矣哉。黃其正矣，是正擧也。其有君臣之於國焉，故强壽矣。

「青以白」，「白以青」，則青白併存而不相雜相越；故青以白，則不可一於青；白以青，亦不可一於白。青以白或白以青之中，那裡還會變出黃色？黃乃另一獨立之色，不由青白相以之變化而來，黃乃得其正。「青」、「白」、及「青白」、「黃」、各不相混，乃爲正擧。這好像君臣之於國，君臣雖因相與而並不相混；如此，則君臣亦各得其所，各盡其職，故國强而人壽。按此或爲公孫龍眞正用心之所在。君臣關係，在當時認爲是一種從屬關係。即君有獨立性而臣無獨立性。公孫龍不否定政治中的君臣關係；但他認爲這種關係是併存的，平等的，各保持其人格上之獨立性的。所以「獨而正」的思想，實際乃是想把君臣從屬的關係，能得到解放的思想。這在當時爲一大的政治革命，所以轉了許多灣才說了出來。謝注對此，完全解釋到相反的方向去了。

而㈠且青驪乎白，而㈡白不勝也。白足之㈢勝矣，而不勝，是木賊金也。木賊金者碧，碧則非正擧矣㈣。

㈠而，猶如也。而且乃假設之詞。

(二)而，則也。

(三)孫詒讓曰「之當作以」。

(四)按木賊金，當爲木賊於金，乃鄒衍所倡五行相勝之說。此說直至呂氏春秋而始大行；公孫龍當約略與鄒衍同時，不應受鄒說的影響。且全書除此句外皆無陰陽五行之痕跡；而「是木賊金也；木賊金者碧」二語，又非五行之說所能通。蓋後人求其解而不得，乃揷入「是木賊金也」以傅會之。原文應爲「而不勝，則非正擧矣」。

假使（而且）青雜於白，則白爲青所混而失其自性，是白不足以自勝。白有其自性，本足以自勝（猶自立）。現爲青所雜而至不足以自勝，則在「青以白」的併存中，失去了白，而失其名謂之正了。

青白不相與，而相與，不相勝；(一)則兩明也。爭而明，其色碧也。

(一)在文意上，「不相勝」下，應補「相勝」二字，而意義始明。其無「相勝」二字，乃古人文字之省略。

青白各爲一色，本是不相與的；而有時相與，仍應併存而各保持其自性；亦即各足以自勝而不相勝。乃青雜白而白不勝，白雜青而青不勝，於是白青的自性不全而皆失其獨立性，遂至白中有青，青中有白，一詞而明兩色，這是兩明。兩明之所以出現，乃因青白皆不自甘於其位而互爭；（爭而明）互爭則青白互相抵消而變爲青白以外之碧，這便愈變而愈失其宗了（其色碧也）。

與其碧，寧黃。黃其馬也，其與類乎？碧其雞也，其與暴乎？

與其變而爲碧，無寧變而爲黃。黃與青相類，猶馬與羊牛之類相近（黃其馬也）。其所與者猶不失其類。碧與青白不同類，猶雞與羊牛之不同類（碧其雞也）。青白相與而變爲碧，這便不是出於變之自然，而係出於以暴相爭的結果。

暴則君臣爭而兩明也。兩明者皆不明，非正舉也。

所謂暴，乃是君臣相爭，君欲奴其臣，臣欲奪其君；君臣相爭而各欲抹煞對方之自主性，以伸張自己之支配欲望，這是君臣的兩明。所謂兩明，是彼此不承認平等併存的關係，而各僅欲彰著（明）自己，把對方包括在自已之內。兩明乃君臣互爭的現象，結果會兩敗俱傷（皆不明），皆失其明之名，不是名謂之正。

非正舉者，名實無當，驪色彰焉，故曰兩明也。兩明而道喪，其無有以正焉。

非名謂之正，則名與實不相對應（當），而青中有白，或白中有青的雜色，便特爲彰著。一詞而含兩義，有如青不勝白，白不勝青，青白混在一起，這即是兩明。道皆顯於獨，故獨而正。兩明則失其獨而違反於道（道喪）；如此，則沒有可以作衡度名實標準的東西。蓋公孫龍之意，一名一實。名是獨的，由名所徵表的實也是獨的；如此，則名實易於對應，名實的關係，亦易於取正。若一名而含兩實（兩明），則名與實不相對應，而名實之間，亦無從取正，這便易陷於混亂。

堅白論第五

堅、白、石、三㈠，可乎？曰，不可。曰，二，可乎？曰，可。曰，何哉？曰，無堅得白，其擧㈡也二。無白得堅，其擧也二。

㈠謝注：「堅也、白也、石也，三物合體，而不謂之三者……」他是以此處之「三」字，及下句之「二」字，指三者合爲一物，及二者合爲一物而言。譚戒甫謂「堅性、白色、石形，何獨不可以爲三？」汪奠基謂「本問係據公孫龍在白馬論中所謂白合馬不爲有馬，而必應白馬之說，而反詰以堅、白、石，是否也應離爲性質、顏色，及石物三者的絕對存在呢」？是譚、汪兩氏，以此處之「三」爲離而爲三。按堅白石離而爲三，是公孫龍自己的思想，在本論中可見。他在本論開端處不說堅白石係離而爲三，是因爲若如此，則不能爲感覺所認知。但在理論上他是認爲可離而爲三的。離而爲三，既係公孫龍本人之論點，不應轉換於難者之手，而由公孫龍加以否定。對照下文，以謝注爲是。

㈡詩蒸民箋「擧者，提持之言。」按即提示之言。以語言稱謂某物時，對某物之情形稍加分析辯白之言。如「這是白石」，或「這是堅石」」之類。

難者問：「堅、白、石，三者合而爲一物，可以嗎？」答謂「不可」。難者又問：「然則二者合而爲一物，可以嗎？」答謂「可」。難者問「何以三者不可合爲一物，而二者可以合爲一物呢？答謂：「以目視石時，不見其堅而僅見其白，則稱爲白石；是此時所提示者僅爲白與石二者。以手拊石時，不得其白而僅得其堅，則稱爲堅石；是此時所提示者僅爲堅與石二者。

曰，得其所㈠白，不可謂無白。得其所堅，不可謂無堅。而之㈡石也，之㈢於㈣然也。非三也㈤？

㈠所，語助也。

㈡之，即此字之義。

㈢之，猶則也。

㈣於，猶是也。

㈤俞氏曰，「也讀爲耶」。

難者謂：以目視石，而目得石之白，是白爲石所固有，不可以謂無白。以手拊石，而手得石之堅，是堅亦爲石所固有，不可謂無堅。而這個石，就是如此，即是有白而又有堅，豈非堅、白、石，合而以成爲一物嗎？

曰，視不得其所堅，而得其所白者，無堅也。拊不得其所白，而得其所堅。得其堅也㈠無白也。

㈠子彙本，傳本，繹史本皆作「所堅」下有「者」字，無「得其堅也」句。

答謂：以目視石，不得其堅而僅得其白，是此時並沒有堅。以手拊石，不得其白而僅得其堅，是此時並沒有白。就感覺之實感言之，故只能謂之爲二，而不能謂爲三。

曰：天下無白，不可以視石㈠。天下無堅，不可以謂石。堅白石不相外㈡，藏三，可乎？

㈠謝注：「白者，色也。寄一色，則衆色可知。天下無有衆（王詮謂「衆」疑當作「無」者是）色之物，而必因色乃色（王詮謂「色」疑當作「見」者是）。故曰天下無白，不可以視石也。」

㈡外，疏外也。不相疏外，即不相離之意。

難者謂：石因色而見。若天下無白色，則不能看到石。石之特性為堅；若天下無堅，則不可以謂之為石。可見堅、白、石，三者不能相分離以構成一物。今隱藏其為三，可以嗎？

曰：有㈠自藏也。非藏而藏也。

㈠經傳釋詞卷三「有，語助也。一字不成詞，則加有字以配之。」按公孫龍子書中有字多作語助詞用。

答謂：「視得其白，而不見堅，是堅自藏。拊得其堅，而不得其白，是白自藏也。自藏者，非有人藏之而藏也。既非有人藏之，則又何人能得之乎？」以上錄俞氏說

曰：其白也，其堅也，而石必得以相盛㈠盈㈡，其自藏奈何。

㈠俞氏曰，「盛，衍字也。」按盛非衍字。說文五上「盛，黍稷在器中以祭祀者也。」漢書東方朔傳，「壺者所以盛也」。注：「師古曰，盛，受物也。」準此，則所謂相盛者，白受堅，堅亦受白之意。

㈡墨子經上，「盈，莫不有也。」廣雅釋詁四「盈，充也。」相盈者，因互相受而互相充實之意。

難者謂：白與堅，都是互相容受，互相充實，以成其為石；如何可謂其自藏？

曰：得其白，得其堅，見與不見離。不見離㈠，一一㈡不相盈，故離。離也者，藏也。

㈠俞氏曰，「『不見離』一句，當作『見不見離一二』」。按不見者離，則堅與白皆為一，故曰「不見離，一一不相盈」；不必校改。

㈠孫詒讓曰：「墨子經下篇云，『不可偏去而二，說在見與俱，一與二。』經說下篇云『見不見離，一二不相盈』，此一一不相盈，正與此同。」王詮因之謂「後文『於石一也，堅白二也』即此義」。按如此，則此處文義難通。或經說之「一二」乃「一一」之誤。

答謂：「視只見其白，拊只知其堅，則是見者與不見者相離，知者與不知者相離。不見，不知者離，則吾人只能見白之一，或知堅之一；一白一堅，並不相盈，所以白與堅是分離的，因為是分離的，所以離吾人之目而不見的，離吾人之拊而不得的，也即是隱藏的。

曰，石之白，石之堅，見與不見，二與三。若廣修而相盈也。其非舉㈠乎。

㈠墨子經上，「舉，擬實也。」

難者謂：白者石之白，堅者石之堅；不論見與不見，不論拊與不拊，堅、白二者皆與石合而為三（二與三）。是堅與白之相盈於石，而不可分，有如寬度（廣）與長度（修）之相盈於一面積之上而不可分。今你謂堅白相離，恐未能擬其實吧。

曰：物白焉，不定其所白。物堅焉，不定其所堅。不定者兼，惡乎其石也？

答謂：色（物）之白者，可與各物以白，而並不定其白於某一物。度(物)之堅者，可與各物以堅，而並不定其堅於某物。白與堅既皆不定於某一物，則是它們可兼及於各物；何以認為是定於石而可不離呢？

曰：循石，非彼（堅）無石；非石無所取乎白。石不相離者固乎。然其無已。

難者謂：拊（循）著石，石是堅的；不是堅（非彼）即無所謂石。非石，則亦無從見其所謂白。可見石不離於堅白，是很確定（固）的事。只不過（然）堅與白（其），也可與他物作無限的結合（無已）。

曰：於㈠石一也。堅白二也，而在於石。故㈡有知焉，有不知焉；有見焉，有不見焉。故知與不知相與㈢離，見與不見相與藏。藏故，孰謂之不離？

㈠於語助辭，無義。

㈡此故字疑因下文「故知與不知」之故字而衍。在文氣上應作但字。

㈢按相與離者，意謂在知與不知的相關關係之下而始顯其爲離。相與藏義同。

答謂：石是一；堅與白是二，而堅與白是在石中，這是不錯的。但當我們以手拊石時，則有知（堅）有不知（白）。當我們以目視石時，則有見（白）有不見（堅）。所以知之堅與不知之白，是相因而離的。見之白，與不見之堅，也是相因而藏的。既是隱藏了，誰說二者不是相離呢？

曰：目不能堅，手不能白，不可謂無堅，不可謂無白；其異任也，其無以代也。堅白域㈠於石，惡乎離？

㈠孟子公孫丑下「域民不以封疆之界」，集注「域，界限也」。此引伸而爲「定著」之意。

難者謂：目不能見石之堅，不可因之而謂無堅。手不能知石之白，也不可因之而謂無白。此乃因目與手的功用不同（異任），而無法彼此相兼代。堅白本定著在石上，何可謂之離？

曰：堅未與石爲堅，而物兼未與爲堅㈠，而堅必堅㈡其不堅，石物而㈢堅。天下未有若㈣堅，而堅藏。

㈠俞氏曰「物兼未與，當作兼未與物。」按當校改為以「而兼未與物為堅」為一句。

㈡此堅字作動詞。

㈢此處之而字與乃通，「而堅藏」之而字同。

㈣若，猶此也。

答謂：堅未與石為堅，而兼未與他物為堅時，堅未嘗不存在。而此獨立存在之堅，必使天下不堅之物成其為堅，故石或他物，乃得而堅。若天下未見有此堅，乃堅隱藏而不見，並非堅之不存在。

按以下皆為答者之詞

白固不能自白，惡能白㈠石物乎？若白者必白，則不白㈡物而白焉。黃、黑與之然。

㈠此白字作動詞用。

㈡同作動詞用。

白若本（固）無白之自性，則又何能白石及白他物？若白之自性必是白的，則縱使不白物，而其自性之白依然存在。黃、黑等顏色，亦是如此。

石其㈠固無有，惡取堅白石乎？故離也。離也者，因是。

㈠其，猶若也。

石若無有，更何有所謂堅白石？可知石亦有石之自性，並非因堅與白之因緣和合而始有石。故堅、白、石，皆係分離而獨立存在的。我主張堅與白離，乃因其本為各自獨立之存在而離之耳（因是）。非有意於離之也。

力與知，果㈠不若因是。

㈠國語晉語「果喪其田」，韋注「果，猶竟也」；即「究竟」之意。

本爲有自性之獨立存在，而以力與知強而合之爲一體，究竟不如因其離而離之。

且猶㈠白，以目（見，目）以火㈡見㈢，而火不見。則火與目不見而神見；神不見，而見離。

㈠猶在此處爲指事之詞。

㈡此處之火，乃廣義之火，其義與光相同。

㈢孫詒讓曰，「墨子經說下篇云，『智以目見，而目以火見，而火不見。』此文亦當作『且猶白以目見，目以火見，而火不見』。今本脫見目二字，遂不可通。」按孫說是，故在括弧內補見目二字。

且如白，是由目而見；而目則係由火而見。但火之自身並不能見；火之自身既不能見，而目須憑火以見，是目亦不能見；火與目皆不能見，則見白者乃吾人之神（精神）耳。然神之自身既非視覺，則是神亦不能見白。目、火、神，皆不能見白，則白與人之見相離，而可證明白乃客觀獨立之存在。

按此段及下段，係由主觀之分析以立論。意似爲白與堅，並非依吾人主觀之視與拊而存在；是其存在有其客觀之獨立性。

堅以手。而手以捶㈠。是捶與手，知而不知。而神與？不知神乎㈡？是之謂離焉。

㈠說文：「捶，以杖擊也。」按以杖擊而堅度始見。

(二)陳澧曰「此言手與捶皆離，即神亦離也。知堅必以手，而手必捶之。手以捶而知，手本不知也。捶之知，亦非捶知也。是捶與手，皆知而不知也。捶與手既皆不知，則知者神也。然不以手捶，則神亦不知也。如是，則神亦離也。」

知堅者以吾之手。然手之所以能知堅，賴捶以測之耳；是手之自身不能知堅也。而捶本無知，是捶亦不知也。故手與捶合，似知而實皆不知。然則知堅者是吾人之神吧？而神非手非捶，神實亦不知。吾人不能知堅，但堅依然存在，可知堅與吾之手離而自爲一種獨立之存在。凡獨立存在之物，皆互相離而非一體，這即是我所說的離。

離也者天下。故獨而正。

各物皆相離，非僅堅白是如此，天下各物皆是如此。各物之所以相離，乃因各物皆爲客觀獨立的存在。由其客觀獨立之存在以把握物，乃能得物之正。亦即能得物之眞。

按此篇先由吾人感官作獨立（孤立）之活動，故僅能認識石之堅或白之一端，而論堅與白係互相離。更進而論堅與白各有其自性，乃離石與各物而爲獨立的存在；由此而證明堅白之相離，乃出於堅白之自身。再進而論述吾人之官能，並不能認知堅與白；可知堅與白並非依感官之活動而始有，以爲堅白等皆爲客觀之獨立存在作證明。公孫龍在此處所欲導出之結論，並非不可知論，而意在說明主觀官能之活動，與客觀事物之存在，亦係分離而各自獨立。吾人官能自身的活動是離，官能與客觀的對象也是離；客觀對象相互間也都相離。既都是離，則主觀、客觀之每一事象，都是獨立存在的。把握其皆爲獨立的存在，而不使其互相牽連，然後能得物之眞，能得名與實之正。此乃公孫龍立論之主旨。

又公孫龍將官能加以分析後，認爲並不能知能見各自分離之物，（他將每一具體物皆分析爲互相離之共相，此處亦方便稱之爲物），然則人究如何而能認識物？此在公孫龍，認爲人之認識所得者，乃由物而來之「指」，即物之映像、假像；而此映像、假像，乃客觀之所無，不可與客觀之物相混同，此即指物論之所以作。

名實論第六

天地㈠與其所產焉，物也。

㈠莊子則陽篇「天地者形之大者也」。列子湯問篇「天地亦物也」。

天和天地所生出的，都是物。這是爲「物」下定義。

物以物㈠其所物而不過焉，實㈡也。

㈠此物字作動詞用。以名詞作動詞用，乃古人常用之法；如「衣衣」即是穿衣。此物字乃成就之意。

㈡董仲舒春秋繁露深察名號篇「名物如其眞，不失秋毫之末」。是實與眞同義。

某物恰成就其爲某物，而無所過差，這是某物的眞實。此句是爲實下定義。

按「而不過焉」的「不過」，每易忽視。構成某物之條件如有所不足，固然是過；如有爲其存在所不必需要之附屬條件，也是過。並且就公孫龍而言，其爲過更甚。

實以實㈠其所實，而㈡不曠㈢焉，位㈣也。

㈠此實字亦作動詞用。

㈡「而」字依上句文例補。

㈢曠是空曠。

㈣位是一種界域，即某物所佔之空間位置。

實以成就其所以爲實；除實以外，毫無空曠，這是某物的位。某物之實所佔的空間，若可以上下左右移轉，則其所佔之空間必有空曠；有空曠，則他物可混入共處而其位以淆。而名物之名，若可以轉移使用的，亦是曠。公孫龍特提出「位」的觀念，乃所以對實作嚴格之界定。而其界定之目的，乃在於保證物之「獨」；此乃公孫龍思想特色之所在。若將公孫龍在此篇之說法，僅限於「語意」之上，則在語意學上，有其重要之意義。又鹽鐵論箴石篇「公孫龍有言曰，論之爲道，辯，故不可以不屬意。屬意相寬；相寬，其歸爭。爭而不讓，則入於鄙」。按相寬之寬，等於此處之所謂曠。辯論問題時，對辯論之主題若無嚴格界定，而可左右轉移，這即是所謂相寬。相寬的結果必至於爭。公孫龍特强調「位」的觀念，其原因蓋在於此。

出其所位，非位。位㈠其所位焉，正也。

㈠此位字作動詞用，猶居也。

若溢出於它所應有的位，那末，它所佔有的便不能算是它的位。居於其所應有之位，那才是得其位之正。

以其所正，正其所不正，疑㈠其所正。

㈠兪氏曰：「疑當讀如詩『靡所止疑』之疑。毛傳曰，疑，定也。」

以其居於位之正，正其曠於位之不正；並使定著於其位之正而不離。

其正者，正其所實也。正其所實者，正其名也。

以其位之正，正其曠於位之不正（其正），乃所以正其實之所以爲實，而使實恰如其實。正其實之所以爲實，乃所以正其實之名，使名恰與實相應。

其名正，則唯乎㈠其彼此焉。

㈠廣雅釋詁二「唯，獨也。」集韻「唯，專辭也。」呂氏春秋貴信篇高注「乎，於也。」故「唯乎」乃「專於」之意。

名物之名，能恰如其物之實（其名正），則名可專用之於彼，或專用之於此，而不可移易。

謂彼而彼不唯乎彼，則彼謂不行。謂此而行㈠不唯乎此，則此謂不行。

㈠子彙本繹史本「行」作「此」者是。

以名謂稱彼，但所謂彼者，並不專於是彼，則彼的稱謂不能通行。以名謂稱此，但所謂此者，並不專於是此，則此的稱謂也不能通行。因爲名有出入而失掉了名的確定性，亦即失掉名的作用。

其以當，不當也。不當而㈠當㈡，亂也。

㈠而，猶爲也。

㈡各本無「而」下之「當」字，惟子彙本繹史本有「當」字，今從之。

像上面那種有出入的稱謂，一般人因稱謂彼而有彼，稱謂此而有此，以爲那是得當的（其以當）。但有彼而不專於是彼，有此而不專於是此，則實際是不當的。以不當爲當，這是種混亂。

故彼㈠彼當乎彼，則唯乎彼，其謂行彼。此㈠此當乎此，則唯乎此，其謂行此。其以當而㈢當也。以當而當，正也。

㈠上一彼字作動詞用。「彼彼」，即上文之「謂彼」。即「以彼稱彼」。

㈡上一此字作動詞用；「此此」猶上文之「謂此」。即「以此稱此」。

㈢而猶爲也。下句之而字同。

用以稱彼之稱謂若當於彼，則稱彼之稱謂必專於彼。稱彼之稱謂專於彼，則這種稱謂可以行於彼。稱此之稱謂若當於此，則稱此之稱謂必專於此。稱此之稱謂專於此，則這種稱謂可以行於此。能如此，則是以當於實之名爲當。以當於實之名爲當。這便得名之正。

故彼彼止於彼，此此止於此，可。

所以若稱彼而僅止於彼；稱此而僅止於此；毫無空曠可資轉移，則是名得其位而與實相應；這是可以的。

彼此㈠而彼且此，此彼而此且彼，不可。

㈠「彼此」者，係一名而含有彼此之意；如「白馬爲馬」之類。「此彼」義同。

若一名而爲「彼此」，則此名既爲彼，又爲此。若一名而爲「此彼」，則此名既爲此，又爲彼。有如以白馬爲馬，則在此稱謂中，既爲白馬，而又含有馬；則是在一名之中，有空曠之處以容混他物，是名不當其位，名與實不相應，這是不可以的。

夫名，實謂也。知此之非此也，㈠知此之不在此也，則㈡不謂也。知彼之非彼也，知彼之不在彼也，則不謂也。

㈠各本皆作「知此之非也」；今從俞校改。子彙本守山閣本繹史本，同俞校。

㈡則，各本皆作明，今從俞校改。子彙本守山閣本繹史本同俞校。

以名名實，名乃是對於實的一種稱謂。若知此名之非僅爲「此實」，而尚有「彼實」包含在裡面；更知此名中含有「彼實」之部份，即不含有「此實」，而「此實」即不在此名的某一部分之內，則此名與「此實」之間，因有曠位而不能相應，即不當以此名稱謂此實。若知彼名之非僅爲「彼實」，而尚有「此實」包含在裡面；更知「彼名」中含有「此實」之部分，即不含有「彼實」，而彼實即不在此名的某一部分之內，則彼名與彼實之間，因有曠位而不能相應，即不當以彼名稱謂之。

至矣哉，古之明王，審其名實，愼其所謂。至矣哉，古之明王。

按公孫龍將其審定名實之特殊觀念，歸之於古之明王，乃先秦諸子百家之共同習氣。

附錄一 釋公孫龍子指物論之「指」

一　各家解釋略評

現存公孫龍子五篇（跡府篇除外），其中最難了解的要算指物論。而指物論之所以難於了解，主要是由於指物之「指」，難作確實地解釋。玆先將若干有代表性之解釋，引在下面，並略加批評。爲便於對照，先將指物論的前一段錄下：

「物莫非指，而指非指。天下無指物，無可以謂物。非指者，天下而物，可謂指乎？指也者，天下之所無也。物也者，天下之所有也。以天下之所有，爲天下之所無，未可。」

兪樾：「指謂指目之也。見牛指目之曰牛，見馬指目之曰馬，此所謂物莫非指也。然牛馬者，人爲之名耳。吾安知牛之非馬，馬之非牛歟！故指非指也。」（諸子平議補錄卷五）按以「指目」釋指，與由「手指」所引伸出之初義相合。但若僅作此一程度之了解，並不能解答指物論中的問題；所以兪說實係以名釋指；他所舉例的「牛」「馬」，即都說的是名。公孫龍以指爲「天下之所無」，若指即是名，則他所要求於名者，爲「名當其實」，並不以爲「名者天下之所無」。且指物論中有謂「天下無指者，生於物之各有名，不爲指也。」則名雖與指有密切地關係，但名並非即是指，至爲明顯。而兪氏所謂「吾安知牛之非馬，馬之非牛歟」，此乃莊子的觀點，決非公孫龍的觀點。

胡適：「公孫龍子的指物論，用了許多指字；仔細看來，似乎指字都是說物體的種種表德；如形色等等」。（中國古代哲學史頁一〇一）按胡氏之所謂形色，有如白馬之白，及「馬者所以命形」等，此在公孫龍，皆認爲是客觀中有獨立性的存在，不能說是「天下之所無」。而指物論分明謂，指是「天下之所無」，其非物體的種種表德，亦至爲明顯。

馮友蘭：「物爲佔空間時間中之位置者，即現在哲學中所謂具體的個體也。如此馬、彼馬；此白物，彼白物是也。指者，名之所指也。就一方面說，名之所指爲個體，所謂『名者實謂也』。就又一方面說，名之所指爲共相，如此馬彼馬之外，尚有『馬如己耳』之馬。此白物彼白物之外，尚有一「白者不定所白』之白。此『馬』與『白』，即現在哲學中所謂『共相』或『要素』。此亦名之所指也。公孫龍以指物對擧，可知其所謂指，即名之所指之共相也。」（中國哲學史二五七頁）按馮一面係承兪氏以指爲名之說；一面又敷衍胡氏之說，而使指之內容更爲混亂。他之所謂共相，即胡氏之所謂表德，觀其擧例自然明白。胡氏之說不能成立，馮氏之說也自然不能成立。並且當時指字的用法，不論作何解釋，都與人的主觀活動有關。但共相則完全是客觀的性格。若以抽象之白、馬等爲共相，公孫龍只認爲它們是藏（潛伏著）而不是無。指若是共相，如何可以說是天下之所無呢？

譚戒甫：「蓋指義有二，即『名』『謂』之別。其指目牛馬之指，謂也；因而所指目牛馬之形色性亦曰指，名也。……然則形色性三者可稱爲德，亦即此所謂指耳。」（公孫龍子形名學發微頁十二）按在物為「名」，人稱其名為「謂」。兩者實係一事。譚氏既將牛馬之名，及人對牛馬之名的稱謂，強加分別，以涵攝於指的概念之內，以為「指有二義」。又將名之觀念，從具體事物（如牛馬等）脫離關係，而僅限於形色性之共相。並即以此為指物論之指，其不能成立，與胡、馮兩氏相同。而其不顧公孫龍子現存各篇原文中最明顯之文義，悍立異說，又無條理加以貫通，其乖迕混亂，又在馮氏之上。

杜國庠：「在堅白論中，我們看到了公孫龍把石之白、石之堅等，即物的屬性抽象了，把它們看做離開人們意識，互相分離而獨立自藏的東西。這東西在指物論中，被稱為指；而把石之白、石之堅等叫做物指；指是看不見，摸不着的東西，相當於我們所謂概念（共相）；本來是意識上的；但公孫龍都認為它是獨立的客觀存在。」（先秦諸子若干研究頁十七）按杜氏之說，實與胡、馮之說無異；其不能成立，與胡、馮正同。

汪奠基：「他（公孫龍）認為概念的形式，包括指與物兩種存在。指是未與物結合而自離自藏的屬性存在。物是未與結合而單獨表現的材料存在。指與物結合，就成為『物指』，就是現象對象的表現。」（中國邏輯思想第一輯頁一九三）按汪氏之說，殆取之於西哲柏拉圖。而在本質上，實即以共相為指。其無當於指物論，也可以說是自明的。

此外的解釋當然還不少，這裡只舉出六人的說法作一概略地檢討。

二　指字的一般用法

為得要解決指物論指字的意義，不妨對指字的一般用法，先加以考查。說文十二上：「指，手指也。」

此爲指之本義。爾雅釋言：「觀、指，示也。」郝懿行爾雅義疏：「華嚴經音義上引蒼頡篇云：示，現也。……觀者，見之示也。……指者，手之示也。」按此，則所謂指者，乃以手指指向某物，使某物得顯現出來。此當爲指字最早出現的引伸義。兪樾以「指目」爲指，略與此相當。莊子養生主：「指窮於爲薪，火傳也，不知其盡也。」郭象以「爲薪」「猶前薪也」，固然無據；兪樾以「爲薪」作「取薪」，在這裡也很牽强。斐學海古書虛字集釋頁一二三：「爲猶其也」：「爲薪」，即「其薪」。指必指向有形之物；「指窮於爲薪」，是說指所窮者在（於）其所指之薪。蓋薪盡則無所指，故曰指窮。此指字的用法，是與「指，示也」的意思相合的。

孟子告子下：「軻無問其詳，願聞其指。」焦循孟子正義引：「漢書河間獻王德傳云：文約指明。注云：指謂意之所趨，若以手指物也。」按「意之所趨」，實猶意之所指。此則將手指的活動，轉移爲意識的活動。於是由指向具體之物，更引伸而爲指向抽象之物。此爲指字使用的一大發展。但上文僅以「意之所趨」解釋指字，它的意義並不完全。「意之所趨」的結果，必成立某種判斷，以成爲「意之所趨」的內容。孟子這一章說的秦楚構兵，宋牼將「說而罷之」，這是宋牼的「意之所趨」。如何能說得秦楚罷兵，這是「說」的內容，即孟子所問的「指」。此一指字的用法，不僅由「人以手指物」，引申到「人以意指物」；而是更進一層說的是「以意指物」的內容。不論是以手指物，或是以意指物，都是指向客觀事物的。指物的內容，却須在主觀判斷中始能成立。可以這機說，指是先由主觀的意識指向客觀的事物；再將客觀的事物帶到主觀意識中，因而成立某種判斷。

史記自序引董仲舒：「春秋文成數萬，其指數千」。史記儒林傳：「故因史記作春秋，以當王法；其辭微而指博。」按春秋乃由事以見義；所以上面的指字，實與義同意。但董仲舒及司馬遷不逕稱之爲義，而稱之爲指，因爲這種義，是由孔子的價值意識，先指向於客觀之事；此客觀之事，被帶入到孔子的價值意識中所成立的價值判斷——義。所以不稱之爲義，而稱之爲指，是在重視由主觀向客觀，更由客觀回向主觀所成立的判斷的過程。

漢元壽元年杜業擧方正直言對：「案春秋災異，以指象爲言語，故在於一類而達之也。」（此語又見於其災異對）：「昔詩人所刺，春秋所譏，指象如此。」所謂指象，是說某種天象，不僅是一種現象，而是在這種現象中，實含有一種意義。人由指向這種現象以得出現象中所含的意義；這種意義，實際依然是在人的主觀判斷中成立的。所以這個指字的用法，與董仲舒司馬遷的用法並無分別。

三　指物論的指字意義

我們看了上面指字的用法，都是由主觀意識或能力，指向客觀的事物；同時即將客觀事物，帶入到人的主觀某種意識或能力中，所形成的一種判斷。此種判斷，係由客觀之某事物而來，但並非即某客觀事物之自身。公孫龍指物論，係由指與物的關係，以說明人對客觀世界認識之所以成立。故此指字說的不是客觀事物進入到主觀中所形成的價值判斷，而說的是客觀事物經過感官帶進到主觀中所形成的一種認識判斷。此認識判斷的內容，就指物論的內容衡量，還未達到嚴格地概念（英 Concept, 德 Beguff）的程度，我稱之爲「映象」，即客觀反映在主觀中的一種影象。略同於西方之所謂「表象」（英 Idea, presentation; 德 Vorstellung）。但西方表象一詞，常將「再生表象」包括在裡面；在思想或想像之活動中，必以再生表象作材料，我想公孫龍的「指」，也應包括到這一層。但他在指物論中，主要係說明在主觀與客觀的關係中，如何使客觀進入到主觀裡面；並不使主觀之活動與客觀之存在兩相混淆；故此處之指，應爲狹義的「感官表象」(英 Sense idea, presentation 德 Sinnesvorstellung)，即是直接由客觀事物對感官的刺激所生出的表象。或者可以說它是相當於假象(英 Semblance, 德 Schein)的觀念。這是一般人的認識能力認識客觀的初步結果。所以指物論的指，是一個人的認識能力指向於客觀之物；客觀之物同時即被帶回到主觀認識中，因而成立的映象。人是通過此種映象以認識客觀事物的。得到映象的下一步，是認定某客觀事物之名；但指並不是名。映象乃成立於心的認識能力之上，在此認識能力指向於物時，即形成物的映象。但未指向於物時，此認識能力，仍潛伏着而爲心所固有。所以指是在主觀認識能力中所形成的映象，同時也即是使映象得以成立的心的認識能力。心的認識能力由指向客觀之物而見，所以公孫龍便稱之爲指；指向客觀之物時即成立映象，映象與認識能力的指向活動，是同時存在的，所以把認識能力與映象包括在一個指的觀念裡面，並無不當。映象雖由客觀之物而來，但並非即係客觀之物，故映象不是實在的，是無自性的。使映象得以成立的認識能力，其本身也應當不成爲一有自性之獨自存在。因爲如果如此，則對客觀物之反映將受到限制，而不能將一切客觀之物，隨時都反映於主觀認識能力之中。不能將一切客觀之物，隨時都反映於主觀認識能力之中，則對客觀世界之認識將受到限制或無法成立。所以公孫龍要特別强調「而指非指」。「而指非指」有兩層意義：一層意義是說明由客觀之物而來的映象，並非即是客觀之物；所以此映象可以隨時起滅，並不如客觀之物，必佔一固定之時空位置。由此進一層的意義，是說明使某種映象得以成立的認識能力，並非有自性之一種獨立存在。其究極意義，與荀子解蔽篇說心是「虛一而靜」的虛，同一意義。心本身是虛，故能無所不指，以容納萬事萬物，而加以反映。指是心的活動及活動的結果。心是虛，指的本身也是虛。虛通於無，「非指」對指而言乃是一種無。此即所謂「而指非指」。這是認識得以成立的必需具備的條件。荀子是就心自身的狀態而說心的虛；公孫龍則就心與外物相接，以成立認識時的狀態說。我們雖不能說荀子「虛」的觀念的提出，與公孫龍有一定的關係；但虛可爲「而指非指」的根據；這在思想上是一種發展。荀子的「虛」，表面看，是來自老子；但老子不是以虛來解決認識問題，所以與老子只有名詞使用上的關係，而沒有思想傳承的關係。

四　莊子與公孫龍的糾葛

莊子與公孫龍約略同時；公孫龍的思想，在當時引起很大的反應，對莊子也不例外。莊子齊物論中有「以指喻指之非指，不若以非指喻指之非指也。以馬喻馬之非馬，不若以非馬喻馬之非馬也。天地一指也，萬物一馬也」的話；我以爲上一句是針對着指物論說的；下一句是針對着白馬論說的。「以指喻指之非指」，即指物論的「而指非指」。「不若以非指……」的「非指」，當即指物論中所謂之「物指」，即「連帶着被指之物在一起的指」，即映象與映象之客觀物連帶在一起的狀態。因爲是「物指」，而非僅指之自身，故莊子即稱之爲「非指」。莊子之意，以爲公孫龍認爲就指之自身而言，並無獨立之自性；然公孫龍尚以「物指」爲有自性，因而由物指所生之物名（如馬、牛等名），亦有自性。但莊子則以爲「物謂之而然」（齊物論），物之名是由人隨意安放上去的，與物本身並無關係，所以物名也無自性，而可隨意改移的。物之名既無自性，而可隨意改移，則物名所自來之「物指」，亦無自性。物指既無自性，則由

「物指」而來之各種思想言論，亦無可作客觀標準之自性，因而無是非得失可言。此即所謂「不若以非指喻指之非指也」的意思。「天地一指也」，是說天地皆在流轉變化之中，不應執着某一片斷爲其獨立存在之自性。剛剛說這個是這個，轉眼之間，即不是這個，有如指與物指（非指）之皆爲非指。公孫龍破指之自性而不破名之自性，所以他還是執著於名。莊子則將名及由名代表之物的自性亦加以破除，這便可以達到齊物的目的。

公孫龍以白馬爲非馬，即莊子此處所說之「以馬喻馬之非馬」；「以馬」之「馬」，指「白馬」而言。「非馬」之「馬」，指不爲色所限的普遍性之馬而言。在公孫龍「白馬非馬」的後面，實以白馬之名，肯定了白馬；以馬之名，肯定了馬。但莊子認爲白馬之名，固然不能代表不爲色所限的普遍性之馬。「馬」之名，也是由人所隨意安放上去的，又何常眞能代表不爲色所限的普遍性之馬？不可執白馬爲馬，又何必執馬爲馬。「不若以非馬喻馬之非馬也」一句中，上一「非馬」，乃指非白馬乃至非一切色之馬而言。「天地一馬也」，天地間之事物，皆在流轉變化之中；其經吾人加以指稱名謂者，更皆係暫時的假設，並不能成爲固定的客觀標準（正），有如馬之名並非一定代表固定的馬。所以也無可爭論了。

公孫龍對名加以嚴格的規定，由正其實以正其名，使名可以當其實（以上皆見名實論）。莊子認爲「名者，實之賓也。」（逍遙遊）賓在主人之家，乃是暫時性的；名對實而言，也是暫時性的，可以相離相易的，不可能「當其實」。既不可能當其實，則不如將公孫龍對名所作之嚴格規定，亦加以破除，使天下之人，不執名以爲爭論是非得失的工具；此即上面引的齊物論的一段話的意思。

附錄二

有關公孫龍之若干資料

「彼是（同此）莫得其偶，謂之道樞。樞始得其環中，以應無窮。是亦一無窮，非亦一無窮也。故曰『莫若以明』。以指喻指之非指，不若以非指喻指之非指也。以馬喻馬之非馬，不若以非馬喻馬之非馬也。天地，一指也；萬物，一馬也。」（莊子齊物論）

「知詐漸毒，頡滑堅白，解垢同異之變多，則俗惑於辯矣。故天下每每大亂，罪在於好知。故天下皆知求其所不知，而莫知求其所已知者；皆知非其所不善，而莫知非其所已善者：是以大亂。」（莊子胠篋篇）

「夫子（釋文：仲尼）問於老聃曰：『有人治道若相放：可不可；然不然。辯者有言曰：離堅白若縣寓。若是，則可謂聖人乎？』老聃曰：『是胥易技係，勞形怵心者也。執留（一作猶）之狗成思，猿狙之便，自山林來。丘！予告若：而（同汝，下同）所不能聞與而所不能言。凡有首有趾、無心無耳者衆；有形者與無形無狀而皆存者，盡無。其動，止也；其死，生也；其廢，起也；此又非其所以也。有治在人；忘乎物，忘乎天，其名爲忘己。忘己之人，是之謂入於天。』」（莊子天地篇）

「公孫龍問於魏牟曰：『龍少學先王之道，長而明仁義之行；合同異，離堅白；然不然，可不可；困百家之知，窮衆口之辯：吾自以爲至達已。今吾聞莊子之言，汒焉異之。不知論之不及與？知之弗若與？今吾無所開吾喙，敢問其方。』公子牟隱机大息，仰天而笑曰：『子獨不聞夫埳井之鼃乎？謂東海之鱉曰：

吾樂與！吾跳梁乎井幹之上，入休乎缺甃之崖；赴水則接掖持頤，蹶泥則沒足滅跗；還虷蟹與科斗，莫吾能若也。且夫擅一壑之水，而跨跱埳井之樂，此亦至矣！夫子奚不時來入觀乎？東海之鱉左足未入，而右膝已縶矣。於是逡巡而卻，告之曰：夫海：（海字原在告之下，茲據俞樾乙改。）千里之遠，不足以舉其大；千仞之高，不足以極其深。禹之時，十年九潦，而水弗為加益；湯之時，八年七旱，而崖不為加損。夫不為頃久推移，不以多少進退者，此亦東海之大樂也。於是埳井之鼃聞之，適適然驚，規規然自失也。且夫知不知是非之竟，而猶欲觀於莊子之言，是猶使蚉負山，商蚷馳河也，必不勝任矣。且夫知不知論極妙之言，而自適一時之利者，是非埳井之鼃與？且彼方跐黃泉而登大皇，無南無北，奭然四解，淪於不測；無西無東，（原倒，據王念孫改，與通為韻。）始於玄冥，反於大通。子乃規規然而求之以察，索之以辯；是直用管闚天，用錐指地也，不亦小乎！子往矣！且子獨不聞夫壽陵餘子之學行於邯鄲與？未得國能，又失其故行矣；直匍匐而歸耳。今子不去，將忘子之故，失子之業。』公孫龍口呿而不合，舌舉而不下，乃逸而走」。（莊子秋水篇）

「卵有毛。雞三足。郢有天下。犬可以為羊。馬有卵。丁子有尾。火不熱。山出口。輪不蹍地。目不見。指不至。至不絕。龜長於蛇。矩不方。規不可以為圓。鑿不圍枘。飛鳥之景未嘗動也。鏃矢之疾，而有不行不止之時。狗非犬。黃馬驪牛三。白狗黑。孤駒未嘗有母。一尺之捶，日取其半，萬世不竭。辯者以此與惠施相應，終身無窮。桓團公孫龍辯者之徒，飾人之心，易人之意。能勝人之口，不能服人之心，辯者之囿也。」（莊子天下篇）

「秦攻趙，蘇子謂秦王有曰：『客有難者：今臣有患於世：夫刑名之家，皆曰白馬非馬也。已如白馬，實馬；乃使有白馬之為（同謂）也。此臣之所患也。』」（戰國策趙策二）

「秦攻趙，平原君使人請救於魏；信陵君發兵至邯鄲城下，秦兵罷。虞卿爲平原君請益地，謂趙王曰：『夫不鬪一卒，不頓一戟，而解二國患者，平原君之力也。用人之力而忘人之功，不可。』趙王曰：『善！將益之地。』公孫龍聞之，見平原君曰：『君無覆軍殺將之功，而封以東武城。趙國豪傑之士，多在君之右；而君爲相國者，以親故也。夫君封以東武城，不讓無功；佩趙國相印，不辭無能。一解國患，欲求益地；是親戚受封而國人計功也。爲君計者，不如勿受便。』平原君曰：『謹受令！』乃不受封。」戰國策趙策三

「君子行不貴苟難，說不貴苟察，名不貴苟傳，唯其當之爲貴。山淵平；天地比；齊秦襲；入乎耳、出乎口；鉤有須；卵有毛：是說之難持者也，而惠施鄧析能之。然而君子不貴者，非禮義之中也。」荀子不苟篇

「不法先王，不是禮義，而好治怪說，玩琦辭，甚察而不惠，辯而無用，多事而寡功，不可以爲治綱紀；然而其持之有故，其言之成理，足以欺惑愚衆：是惠施鄧析也。」荀子非十二子篇

「先王之道，仁之隆也，比中而行之。曷謂中？曰：禮義是也。道者：非天之道，非地之道；人之所以道也，君子之所道也。君子之所謂賢者，非能偏能人之所能之謂也；君子之所謂知者，非能偏知人之所知之謂也；君子之所謂辯者，非能偏辯人之所辯之謂也；君子之所謂察者，非能偏察人之所察之謂也；有所止矣。相高下，視墝肥，序五種，君子不如農人。通財貨，相美惡，辯貴賤，君子不如賈人。設規矩，陳繩墨，便備用，君子不如工人。不卹是非然不然之情，以相薦撙，以相恥怍，君子不若惠施鄧析。若夫譎德而定次，量能而授官；使賢不肖皆得其位，能不能皆得其官，萬物得其宜，事變得其應；愼墨不得進其談，惠施鄧析不敢竄其察；言必當理，事必當務；是然後君子之所長也。凡事行：有益於理者立之，無益

於理者廢之；夫是之謂中事。凡知說：有益於理者爲之，無益於理者舍之；夫是之謂中說。事行失中，謂之姦事；知說失中，謂之姦道。姦事姦道，治世之所棄，而亂世之所從服也。若夫充虛之相施易也，堅白同異之分隔也，是聰耳之所不能聽也，明目之所不能見也，辯士之所不能言也；雖有聖人之知，未能僂指也。不知，無害爲君子；知之，無損爲小人。工匠不知，無害爲巧；君子不知，無害爲治。王公好之則亂法；百姓好之則亂事。而狂惑戇陋之人，乃始率其群徒，辯其談說，明其辟稱，老身長子不知惡也，夫是之謂上愚；曾不如相雞狗之可以爲名也。詩曰：『爲鬼爲蜮，則不可得；有靦面目，視人罔極。作此好歌，以極反側。』此之謂也。」荀子儒效篇

「傳曰：『天下有二：非察是；是察非。』謂合王制與不合王制也。天下有不以是爲隆正也，然而猶有能分是非治曲直者邪？若夫非分是非，非治曲直，非辨治亂，非治人道；雖能之，無益於人；不能，無損於人；案直將治怪說，玩奇辭，以相撓滑也。案彊鉗而利口，厚顏而忍詬，無正而恣睢，妄辨而幾利；不好辭讓，不敬禮節，而好相推擠：此亂世姦人之說也，則天下之治說者方多然矣。傳曰：『析辭而爲察，言物而爲辨，君子賤之。博聞彊志，不合王制，君子賤之。』此之謂也。」荀子解蔽篇

「非而謁，楹有牛，馬非馬也。此惑於用名以亂實者也。驗之名約，以其所受悖其所辭，則能禁之矣。」荀子正名篇

「中山公子牟者，魏國之賢公子也，好與賢人游，不恤國事，而悅趙人公孫龍，樂正子輿之徒笑之。公子牟曰：『子何笑牟之悅公孫龍也？』子輿曰：『公孫龍之爲人也，行無師，學無友；便給而不中，漫衍而無家；好怪而妄言，欲惑人之心，屈人之口：與韓檀等肄之。』公子牟變容曰：『何子狀公孫龍之過

歟？請聞其實。』子輿曰：『吾笑龍之詒孔穿，言善射者能令後鏃中前括，發發相及，矢矢相屬；前矢造準而無絕落，後矢之括猶銜弦，視之若一焉。孔穿駭之。龍曰：此未其妙者。逢蒙之弟子曰鴻超，怒其妻而怖之；引烏號之弓，綦衛之箭，射其目，矢來注眸子而眶不睫，矢隧地而塵不揚。是豈智者之言與？』公子牟曰：『智者之言，固非愚者之所曉。後鏃中前括，鈞後於前。矢注眸子而眶不睫，盡矢之勢也。子何疑焉？』樂正子輿曰：『子，龍之徒，焉得不飾其闕？吾又言其尤者：龍誑魏王曰：有意不心。有指不至。有物不盡。有影不移。髮引千鈞。白馬非馬。孤犢未嘗有母。其負類反倫，不可勝言也。』公子牟曰：『子不諭至言而以爲尤也，尤其在子矣。夫無意則心同。無指則皆至。盡物者常有。影不移者，說在改也。髮引千鈞，勢至等也。白馬非馬，形名離也。孤犢未嘗有母，有母（二字據俞樾補）非孤犢也』。樂正子輿曰：『子以公孫龍之鳴皆條也？設令發於餘竅，子亦將承之。』公子牟默然。良久，告退；曰：『請待餘日，更謁子論。』」（列子仲尼篇）

「人主之聽言也，不以功用爲的，則說者多棘刺白馬之說。」（韓子外儲說左上）

「名正則治，名喪則亂；使名喪者淫說也。說淫，則可不可而然不然；是不是而非不非。故君子之說也：足以言賢者之實，不肖者之充而已矣；足以喻治之所悖，亂之所由起而已矣；足以知物之情，人之所獲以生而已矣。凡亂者刑名不當也。人主雖不肖，猶若用賢；猶若聽善；猶若爲可者；其患在乎所謂賢而從不肖也；所謂善而從邪辟；所謂可而從悖逆也。是刑名異充，而聲（即名）實異謂也。夫賢不肖；善邪辟；可悖逆：國不亂，身不危，奚待也？」（呂氏春秋正名篇）

「孔穿公孫龍相與論於平原君所，深而辯，至於『藏三牙』；公孫龍言藏之三牙甚辯。孔穿不應；少選，辭而出。明日，孔穿朝，平原君謂孔穿曰：『昔者公孫龍之言辯。』孔穿曰：『然，幾能令藏三牙矣。雖然，難。願得有問於君：謂藏三牙，甚難而實非也；謂藏兩牙，甚易而實是也。不知君將從易而是者乎？將從難而非者乎？』平原君不應。明日謂公孫龍曰；『公無與孔穿辯。』」（呂氏春秋淫辭篇）

「空雒之遇，（空雒，原作空雄。高誘注：『空雄，地名。遇，會也。』畢沅云：『空雄，前聽言篇作空洛。此疑本是空雒，寫者誤耳。』按畢校是，玆據改正。）秦趙相與約。約曰：『自今以來，秦之所欲爲，趙助之；趙之所欲爲，秦助之。』居無幾何，秦興兵攻魏，趙欲救之。秦王不說；使人讓趙王曰：『約曰：秦之所欲爲，趙助之；趙之所欲爲，秦助之。今秦欲攻魏，而趙因欲救之，此非約也。』趙王以告平原君，平原君以告公孫龍。公孫龍曰：『亦可以發使而讓秦王曰：趙欲救之，今秦王獨不助趙，此非約也。』」（呂氏春秋審應篇）

「趙惠王謂公孫龍曰：『寡人事偃兵十餘年矣，而不成，兵不可偃乎？』公孫龍對曰：『偃兵之意，兼愛天下之心也；兼愛天下，不可以虛名爲也，必有其實。今藺離石入秦，（高注：『二縣叛趙自入於秦也，今屬西河。』）而王縞素布總；（高注：『喪國之服。』）東攻齊得城，而王加膳置酒。秦得地而王布總；齊亡地而王加膳。所（同斯）非兼愛之心也。此偃兵之所以不成也。今有人於此，無禮慢易而求敬，阿黨不公而求令，煩號數變而求靜，暴戾貪得而求定；雖黃帝猶若困。』」（仝上）

「公孫龍說燕昭王以偃兵；昭王曰：『甚善！寡人願與客計之。』公孫龍曰：『竊意大王之弗爲也。』王曰：『何故』？公孫龍曰：『日者大王欲破齊，諸天下之士其欲破齊者，大王盡養之；知齊之險阻要塞君臣之際者，大王盡養之。雖知而弗欲破者，大王猶若弗養。其卒果破齊以爲功。今大王曰「我甚取偃兵」，諸侯之士在大王之本朝者，盡善用兵者也。臣是以知大王之弗爲也。』王無以應。」（仝上）

「昔者公孫龍在趙之時。謂弟子曰：『人而無能者，龍不能與遊。』有客衣褐帶索而見曰：『臣能呼。』公孫龍顧謂弟子曰：『門下故有能呼者乎？』對曰：『無有。』公孫龍曰：『與之弟子之籍。』後數日往說燕王，至於河上；而航在一汜。使善呼者呼之，一呼而航來。故曰聖人之處世，不逆有伎能之士。」淮南子道應篇

「博聞彊志，口辯辭給，人智之美也；而明主不以求於下。公孫龍析辯抗辭，別（此當作合）同異，離堅白，而不可與衆同道也。」許愼注：「公孫龍，趙人，好分析詭異之言；以白馬不得合爲一物，離而爲二也。」淮南子齊俗篇

「公孫龍粲於辭而貿名；鄧析巧辯而亂法。」許愼注：「公孫龍以白馬非馬，冰不寒，炭不熱爲論，故曰貿也。鄧析教鄭人以訟，訟俱不曲，子產誅之也。」淮南子詮言篇

「虞卿欲以信陵君之存邯鄲，爲平原君請封。公孫龍聞之，夜駕見平原君曰：『龍聞虞卿欲以信陵君之存邯鄲爲君請封，有之乎？』平原君曰：『然。』龍曰：『此甚不可！且王擧君而相趙者，非以君之智能爲趙國無有也。割東武城而封君者，非以君爲有功也；而以國人無勳；乃以君爲親戚故也。君受相印不辭無能，割地不言無功者，亦自以爲親戚故也。今信陵君存邯鄲而請封，是親戚受城而國人計功也。此甚不可！且虞卿操其兩權：事成，操右券以責；事不成，以虛名德君。君必勿聽也。』平原君遂不聽虞卿。」史記平原君列傳

「齊使鄒衍過趙；平原君見公孫龍及其徒綦母子之屬，論白馬非馬之辯，以問鄒子。鄒子曰：『不可。彼天下之辯有五勝三至，而辭正爲下。辯者別殊類使不相害，序異端使不相亂；抒意通指，明其所

謂；使人與知焉，不務相迷也。故勝者不失其所守；不勝者得其所求。若是，故辯可爲也。及至煩文以相假，飾辭以相惇，巧譬以相移；引人聲使不得反其意：如此，害大道。夫繳紛爭言而競後息，不能無害君子。』坐皆稱善。」史記平原君傳集解引別錄

「趙亦有公孫龍爲堅白同異之辭，然非先王之法也，皆不循孔氏之術。」劉向校上荀子

「或問：『公孫龍詭辭數萬，以爲法法歟？』曰：『斷木爲棊，梡革爲鞠，亦皆有法焉。不合乎先王之法者，君子不法也。』」揚子法言吾子篇

「公孫龍者，平原君之客也，好刑名，以白馬爲非馬。按原作非白馬，白字衍，茲刪。下同。或謂子高曰：子高，孔穿之字。『此人小辨而毀大道，子盍往正諸？』子高曰：『大道之悖，天下之校往也。吾何病焉？』或曰：『雖然，子爲天下故，往也！』子高適趙，與龍會平原君家，謂之曰：『僕居魯，遂聞下風，而高先生之行也；願受業之日久矣。然所不取於先生者，獨不取先生以白馬爲非馬爾。誠去白馬非馬之學，案原作誠去非白馬之學，茲據上文改正。則穿請爲弟子。』公孫龍曰：『先生之言悖也。龍之學，正以白馬非馬者也；今使龍去之，則龍無以教矣。今龍爲無以教，而乃學於龍，不亦悖乎！且夫學於龍者，以智與學不逮也。今教龍去白馬非馬，是先教也；先教而後師之，不可也。先生之所教龍者，似齊王之問尹文也。齊王曰：寡人甚好士，而齊國無士？」尹文曰：「今有人於此，事君則忠，事親則孝，交友則信，處鄉則順：有此四行者，可謂士乎？王曰：善！是眞吾所謂士者也。尹文曰：王得此人，肯以爲臣乎？王曰：所願不可得也」。尹文曰：使此人於廣庭大衆之中，見侮而不敢鬬，王將以爲臣乎？王曰：夫士也，見侮而不鬬，是辱；則寡人不以爲臣矣。尹文曰：雖見侮而不鬬，是未失所以爲士也；然而王不以爲臣。則鄉所謂士者，乃非士乎？夫王之令：殺人者死，傷

人者刑。民有畏王命，故見侮終不敢鬭，是全王之法也。而王不以爲臣，是罰之也。且王以不敢鬭爲辱，必以敢鬭爲榮。是王之所賞，吏之所罰也；上之所是，法之所非也。賞罰是非，相與曲謬（原作四謬，亦通。）；雖十黃帝固所不能治也。齊王無以應。且白馬非馬者，乃子先君仲尼之所取也。龍聞楚王張繁弱之弓，載忘歸之矢，以射蛟兕於雲夢之圃。反而喪其弓，左右請求之。王曰：止也！楚人遺弓，楚人得之，又何求乎？仲尼聞之曰：楚王仁義而未遂！亦曰人得之而已矣，何必楚乎？若是者，仲尼異楚人於所謂人也。夫是仲尼之異楚人於所謂人，而非龍之異白馬於所謂馬，（據四部叢刊本補所字。）悖也。先生好儒術，而非仲尼之所取也；欲學，而使龍去所以教：雖百龍之智，固不能當前也。』子高莫之應。退而告人曰：『言非而博，巧而不理，此固吾所不答也。』

「異日，平原君會賓而延子高。平原君曰：『先生，聖人之後也，不遠千里來顧臨之，欲去夫公孫子白馬之學。今是非未分，而先生翻然欲高逝可乎？』子高曰：『理之至精者則自明之，豈任穿之退哉？』平原君曰：『至精之說，可得聞乎？』答曰：『其說皆取之經傳，不敢之意。春秋記六鶂退飛，覩之則六，察之則鶂。」（案二語爲公羊傳之辭。覩之，原作視之。）鶂猶馬也，六猶白也。覩之得見其白，察之則知其馬。色以名別，內由外顯。謂之白馬，名實當矣。若以絲麻，加之女工，爲緇素青黃。色名雖殊，其質則一。是以詩有素絲，不曰絲素；禮有緇布，不曰布緇。「犧牛」「玄武」，此類甚衆。先舉其色，後名其質。萬物之所同，聖賢之所常也。君子之謂，貴當物理，不貴繁辭。若尹文之折齊王之所言，與其法錯故也。穿之所說於公孫子，高其智，悅其行也。去白馬之說，智行固存；是則穿未失其所師者也。稱此云云，沒其理矣。是楚王之言楚人亡弓，楚人得之，先君夫子探其本意，欲以示廣，其實狹之；故曰不如亦曰人得之而已也。是則異楚王之所謂楚，非異楚王之所謂人也。以此爲喩，乃相擊切矣。凡言人者，總謂人也。亦猶言馬者，總謂馬也。楚自國也，白自色也。欲廣其人，宜在去楚。欲正名色，不宜去白。忱察此理，則公孫之辨破矣。』平原君曰：『先生言，於理善矣！』因顧謂衆賓曰：『公孫子能答此乎？』燕客史由對曰：『辭則有焉，理則否矣』」孔叢子公孫龍篇

「公孫龍又與子高氾論於平原君所，辨理至於『臧三耳』；公孫龍言臧之三耳甚辨析。子高弗應，俄而辭去。明日復見，平原君曰：『疇昔公孫之言信辨也！先生實以爲何如？』答曰：『然，幾能臧三耳矣。雖然，實難。僕願得又問於君：今爲（同謂）臧三耳，甚難而實非也；謂臧兩耳，甚易而實是也。不知君將從易而是者乎？亦從難而非者乎？』平原君弗能應。明日謂公孫龍曰『公無復與孔子高辨事也。其人理勝於辭；公辭勝於理。辭勝於理，終必受絀。』」上同

「公孫龍有言曰：『論之爲道辯，故不可以不屬意。屬意相寬，相寬其歸爭。爭而不讓，則入於鄙。』」鹽鐵論箴石篇

「梁君出獵，見白鴈羣下，彀弩欲射之。道有行者，梁君謂行者止。行者不止，白鴈羣駭。梁君怒，欲射行者；其御公孫龍止之。梁君怒曰：『龍不與其君而顧他人？』對曰：『昔宋景公時大旱；卜之，必以人祠乃雨。景公下堂頓首曰：吾所以求雨，爲民也。今必使吾以人祠乃雨，將自當之。言未卒而大雨。何也？爲有德於天而惠於民也。君以白鴈故，以（同而）欲射殺人。主君譬人，無異於豺狼也。』梁君乃與龍上車歸，呼萬歲；曰：『樂哉！人獵皆得禽獸，吾獵得善言而歸。』」藝文類聚卷六十六及卷一百

「凡人耳目所聞見，心意所知識，情性所好惡，利害所去就，亦皆同務焉。若材能有大小，智略有深

淺，聽（原作聽）明有闇照，質行有薄厚，亦則異度焉。非有大材深智，則不能見其大體；大體者皆是當之事也。夫言是而計當，遭變而用權，常守正見事不惑，內有度量，不可傾移而誑以譎異，爲知大體矣。如無大材，則雖威權如王翁，察慧如公孫龍，敏給如東方朔，言災異如京君明，及博見多聞，書至萬篇，爲儒教授數百千人，祇益不知大體焉。」（羣書治要引桓譚新論）

「公孫龍常爭論曰：『白馬非馬』，人不能屈。後乘白馬無符傳欲出關，關吏不聽。此虛言難以奪實也。」（白帖卷九引桓譚新論）

「公孫龍著堅白之論，析言剖辭，務曲折之言，無道理之較，無益於治。」（王充論衡案書篇）

「昔楊朱墨翟申不害韓非田駢公孫龍，汩亂乎先王之道，譸張乎戰國之世，然非人倫之大患也。何者？術異乎聖人者易辨，而從之者不多也。」（徐幹中論考僞篇）

「夫辯：有理勝；有辭勝。理勝者正白黑以廣論，釋微妙而通之；辭勝者破正理以求異，求異則正失矣。」涼劉昞注：「以白馬非馬，（馬上原衍白字）一朝而服千人；及其至關禁錮，直而後過也。」（劉劭人物志材理篇）

「夫君子之開口動筆，必戒悟（疑悟）蔽。式整雷同之傾邪，磋礱流遁之闇穢。而著書者，徒飾弄華藻，張磔迂闊，屬難驗無益之辭，治靡麗虛言之美；有似堅白廣（原誤作屬）修之書，公孫刑名之論。雖曠籠天地之外，微入無間之內，立解連環，離合同異，鳥影不動，雞卵有足，犬可爲羊，大龜長蛇之言：適足示巧表奇以誑俗。」（抱朴子外篇應嘲篇）

「昔吾未覽莊子，嘗聞論者爭夫『尺棰』『連環』之意，而皆云莊生之言；遂以莊生爲辯者之流。案此篇較評諸子，至於此章，則曰『其道舛駁，其言不中』，乃知道聽塗說之傷實也。吾意亦謂無經國體政，眞所謂無用之談也。然膏粱之子，均之戲豫；或倦於典言，而能辨名析理，以宣其氣，以係其思，流於後世，使性不邪淫，不猶賢於博奕者乎？故存而不論，以貽好事也。」（郭象注莊子天下篇惠施章）

「客問樂令（即樂廣字彥輔）『指不至』者；（指字原省作旨）樂亦不復剖析文句，直以麈尾柄确几，曰：『至不？』客曰：『至。』樂因又擧麈尾曰：『若至者那得去？』於是客乃悟服。樂辭約而旨達，皆此類」。劉孝標注：「夫藏舟潛往，交臂恒謝；一息不留，忽焉生滅。故飛鳥之影，莫見其移；馳車之輪，曾不掩地。是以去不去矣，庸有至乎？至不至矣，庸有去乎？然則前至不異後至，至名所以生；前去不異後去，去名所以立。今天下無去矣，而去者非假哉？旣爲假矣，而至者豈實哉？」（世說新語文學篇）

「公孫之白馬孤犢，辭巧理拙；魏牟比之鴞鳥，非妄貶也」。（文心雕龍諸子篇）

「名者，宋牼尹文惠施公孫龍（原作捷，疑誤。）之類也。其道正名，名不正則言不順；故定尊卑，正名分。……然而薄者捐本就末，分析明辨，苟析華辭也」。（劉子九流篇）

「白馬，即公孫龍守白論也。公孫當六國時，弟子孔穿之徒，堅執此論，橫行天下；服衆人之口，不服衆人之心。……眩惑世間，雖宏辯如流，終有言而無理也。」（成玄英疏莊子齊物論篇）

「公孫龍者，古人之辯士也。嘗聞其論，願觀其書。咸亨十（當衍）二年，歲次辛未，十二月庚寅，僕自嵩山游於汝陽，有宗人王先生，名師政，字元直，春秋將七十，博聞多藝，安時樂道，恬澹浮沈，罕有知者；僕過憩焉，縱言及於指馬，因出其書以示僕，凡六篇，勒成一卷。其夜僕宿洞玄觀韓先生之房。先生名玄最，字通元，從容人間，虛談（淡）自保。與僕觀其書；且謂僕曰：『足下後生之明達者，公孫之辨何如？』僕曰：『小子何足以知之。然伏周孔之門久，尋聖賢之論多矣。六合之內，聖人論而不辨；六合之外，聖人存之不論。簡而易之，欲其可行也；神而明之，存乎其人也。陳詩書，定禮樂。身心之道達而已，家國之用足而已。變而通之，未嘗滯之；引而伸之，未嘗蕩也。令天下思之而後及也，令天下得之而不過也。若此，則六經之義具矣，五常之教足矣；安取辭離堅別之辨乎？故曰：若公孫之論，非不中也，非不妙也；不其辭逸，其理悠，其術空，其義惝，令人煩。非高賢不能知也，非明達不能究也；抑可以爲聖人之理，不足以爲聖人之教。若隨方而言，觸類而長，何必白馬堅白猶（獨疑）存其理乎？故曰因是論之也，即直之論也。惑其文則不可以爲易矣，達其意則不足以爲難矣。可存而不可守也，可辨而不可行也。知者不必言，言者不必用也。然天下之理不可廢也，天下之言不可沮也。故理可貫也，言可類也。若使僕借公孫之理，乘公孫之意，排合衆義，掊（一作倍）勞羣言，則雖天下之異可同也，天下之同可異也，天下之動可靜也，天下之靜可動也。堅不堅，白不白，石非石，馬非馬；何必聚散形色，離合一二者乎？』先生曰：『天下有易，迷之者難，則天下無易矣。天下有難，能之者易，則天下無難矣。足下當有易之地，用無難之辨，能爲龍之所爲乎？』僕笑而答曰：『使虎豹之力移於麋鹿，固爲虎豹矣。使鳫鷲之口移於鷹隼，固爲鷹隼矣。故以仲尼之道託於盜跖之性，則盜跖固爲仲尼矣。今公孫龍之理處於弟子之心矣，弟子且非公孫龍乎？遂和墨鬉紙，援翰寫心。篇卷字數，皆不踰公孫之作；人物義理，皆反取公孫之意。觸類而長，隨方而說。質明而作，日中而就。以事源代迹府，因意而存義也；以幸食代白馬，尋色而推味也；以慮心代指物，自外而明內也；以達化代通變，緣文而轉稱也；以香辛代堅白，憑遠而取近也；以稱足代名實，居中而擬正也。或因數陳色；或反色在數；或棄色取味；或以氣轉形：明天下之言，無所不及也。發沇源而迴騖，闢榛路以先驅，庶將來君子有以知其用心也。」（文苑英華卷七百五十八 無名氏擬公孫龍子論序）

「告子：『彼長而我長之，彼白而我白之。』斯言也，蓋堅白同異之祖。夫論理未有不思副於名實者也。彼表我長，彼白我白，正告子『不得於言，勿求於心』之言，與公孫龍之鉤深索隱、離析破碎者不同。」呂祖謙東萊集

「昔人言『白馬非馬』之說，若無白馬在前，則儘教他說；適有牽白馬者過堂下，則彼自破矣。如三耳之說，我若隨之而轉，則必爲所惑；惟自守兩耳之說，則彼不能眩矣。」同上

「『一尺之捶，日取其半，萬世不竭。』其說謂自一尺至一釐一忽，無不有半；推廣尋丈以上皆如此。所以謂『萬世不竭』，此亦有理。」同上

「公孫龍爲白馬非馬、堅白之辯者也；其爲說淺陋迂僻，不知何以惑當時之聽？」陳振孫直齋書錄解題

「司馬彪曰：『堅白，謂堅石非石，白馬非馬。異同，謂使異者同，同者異。』按語見荀子修身篇楊倞注 東萊呂氏曰：『告子：彼長而我長之，彼白而我白之。斯言也蓋堅白同異之祖。』孟子累章辯析，歷舉玉、雪、羽、馬、人、五白之說，借其矛而伐之而其技窮。」王應麟漢書藝文志攷證

「尹文子二篇，以大道自名，而所學乃公孫龍之說，九流所列爲名家者也。因緣白馬非馬之說，而生好牛、好馬之說，復掇拾名實相亂之事以證之；無理而迂，不足言文，而顧以夫子正名爲據。嗚呼！夫子之所謂名者，果此之謂乎？道喪俗壞，士有謬用其心如此者！」黃震黃氏日抄讀諸子

「公孫龍者，戰國時肆無稽之辨，九流中所謂名家以正名爲說者也。其略有四：一曰『白馬非馬』，謂白所以名色，馬所以名形；形非色，色非形也。其二曰『物莫非指』，謂指者指斥是非之名。物各相指，是非混亂，終歸於無可指也。其三曰『雞三足』，謂雞足一，數足二；二而一故三也。其四曰『堅白石』，謂目見石之白而不見其堅，手知石之堅而不知其白，是堅與白爲二物。其無稽如此！大率類兒童戲語，而

乃祖吾夫子正名爲言。嗚呼！夫子之所謂正名者果如是乎？若『臧三耳』之辨，亦出公孫龍；然孔叢子與呂氏春秋載之，此書不及焉。」同上

「中山公子牟悅楚人公孫龍詭辭，而樂正子輿非之，至斥以『設令發於餘竅，子亦將承之』，其論甚正，而列子載焉；此誕說波流中砥柱也。」同上

「龍，趙人，平原君客也，能辨說；傷明王之不興，疾名器之乖實，以假指物，以混是非，冀時君之有悟而正名實焉。予嘗取而讀之，白馬非馬之喻，堅白同異之言，終不可解。後屢閱之，見其如捕龍蛇，奮迅騰騫，益不可措手。甚哉其辨也！然而名實愈不可正，何耶？言弗醇也。天下未有言弗醇而能正。苟欲名實之正，亟火之。」宋濂諸子辨

「成玄英莊子疏云：『公孫龍子著守白論行於世。』堅白即守白也，言堅執其說，如墨子墨守之義。自堅白之論起，辯者互執是非，不勝異說；公孫龍能合衆異而爲同，故謂之合同異。」通鑑周紀三，胡三省音注。

「史記載公孫龍，註：『爲孔子弟子。』其論白馬非馬，亦自附於仲尼；謂『楚人亡之』之說，且云『仲尼異楚人於所謂人，而非龍異白馬於所謂馬，悖！』可謂曲說矣。其他篇有云：『青驪乎白，而白不勝也。白足之勝矣而不勝，是木賊金也。木賊金者碧。碧則非正舉矣。』意以白比君道，青比臣道。驪，色之雜。青驪於白，謂權臣擅命，雜君道也。金本制木，而木賊金；猶君本制臣，而臣掩君也。其說類易所謂『玄黃』，論語『惡紫奪朱』同；而頗費解說。又曰：『黃其馬也，其與類乎！碧其雞也，其與暴乎！』解云：『黃，中正之色；馬，國用之材：故曰與類。碧，不正之色；雞，不材之禽：故曰與暴。』其說類孟子『白馬白人』之例；然其淫放頗僻，去孔孟何啻千里！自注：『按周有兩公孫龍：一春秋孔子弟子；一戰國平原辨士。』○」楊愼升庵外集卷四十八子說

「公孫龍子三卷，其首章所載與孔穿辨論事，孔叢子亦有之，謂龍爲穿所絀；而此書又謂穿願爲弟子，彼此互異。蓋龍自著書，自必欲伸己說；孔叢僞本出於漢晉之間，朱子以爲孔氏子孫所作，自必欲伸其祖說。記載不同，不足怪也。其書大旨疾名器乖實，乃假指物以混是非，借白馬而齊物我，冀時君有悟而正名實；故諸史皆列於名家。淮南鴻烈解稱公孫龍粲於辭而貿名，揚子法言稱公孫龍詭辭數萬，蓋其持論雄贍，實足以聳動天下；故當時莊列荀卿竝著其言，爲學術之一。特品目稱謂之間，紛然不可數計，龍必欲一一核其眞，而理究不足以相勝；故言愈辨而名實愈不可正。然其書出自先秦，義雖恢誕，而文頗博辨；陳振孫書錄解題概以『淺陋迂僻』譏之，則又過矣。」四庫全書總目子部雜家類

「公孫龍子，大旨欲綜覈名實，而恢詭其說，務爲博辨；孔叢子所謂『詞勝於理』，殆確論焉。其註爲宋謝希深作，詞不及龍，而欲伸龍之理，其淺陋宜矣。」四庫簡明目錄子部雜家類

「公孫龍子，漢志所載，而隋志無之，其爲後人僞作奚疑。」姚際恒古今僞書考

「龍爲堅白之辨，頗惑當時之聽；故孟子書中，亦有白雪、白玉、白馬、白人等說。陳振孫以爲『淺陋迂僻』，未免過詆。」嚴可均校道藏本公孫龍子跋

「惠施白馬、三足之談，因莊生而遂顯。雖爲射者之鵠，亦見不羈之才，非同泯泯也。」章學誠文史通義言公篇中

「鄧析子公孫龍之名，不得自外於聖人之名，而所以持而辨者非也。」校讎通義卷三

「公孫龍之學，出於墨氏。然墨子言『白馬馬也』；公孫龍則云『白馬非馬』。其說云：『求馬，黃黑馬皆可致；求白馬，黃黑馬不可致。故曰白馬非馬。』又云：『堅白石三，可乎？曰：不可。視不得其所堅，拊不得其所白。且猶白以火見；而火不見，則火與目不見而神見。堅以手而手以捶，是捶與手知而不

知；而神與不知。神乎，是之謂離焉。」皆較墨子之說，更轉而求深，皆由於正言若反而加以變幻。然其末篇則云：『古之明王，審其名實，愼其所謂。』其大旨不過如是，何必變幻乎？」—陳澧東塾讀書記諸子

「詩曰：『亦白其馬』，言白不僅馬也。曰：『有馬白顛』，言馬不皆白也。白不僅馬，馬去白在。馬不皆白，白去馬在。然馬之白與非白，無足爲馬之輕重；而白之馬與非馬，足爲白之輕重。故增一字，損一字，易一字，其中必有大原委焉。公龍孫白馬篇，與詩義同。龍，名家者流也。春秋之法，『名不可以假人』。故或求名而不得，或欲蓋而名章，誠愼之也。詩意蓋足以蔽之哉。」—劉熙載昨非集翼名

「墨經楬舉精理，引而不發，爲周名家言之宗。而惠施公孫龍竊其緒餘，迺流於儇詭口給，遂別成流派，非墨子之本意也。」—孫詒讓籀膏述林卷十與梁卓如論墨子書

「若公孫龍尹文子之徒，雖亦據吾夫子正名爲說，然區區物質形色之辨，其學小矣。」—蘇輿春秋繁露義證實性篇注

「惠施公孫龍，皆所謂名家者流也；而其學實出於墨。墨經言名學過半，而施龍辯辭，亦多與經出入。公孫龍亦嘗勸燕昭王偃兵，可見皆宗墨學。」—梁啓超墨子學案附錄一

「指馬之義，（按莊子之說已見前引）乃破公孫龍說。指物篇云：『物莫非指，而指非指。』指也者天下之所無也，物也者天下之所有也；以天下之所有爲天下之所無，未可。』彼所謂指：上指謂所指者，即境；下指謂能指者，即識。物皆有對，故莫非境；識則無對，故識非境。無對故謂之無；有對故謂之有。以物爲境，即是以物爲識中之境；故公孫以爲未可。莊生則云：以境喻識之非境，不若以非境喻識之非境。蓋以境爲有對者，但是俗論。方有所見，相見同生，二無內外，見亦不執，相在見外；故物亦非境也。物亦非境，識亦非境；則有無之爭自絕矣。白馬論云：『馬者所以命形也；白者所以命色也。命色者非命形也；故曰白馬

非馬。』莊生則云：以馬喩白馬之非馬，不若以非馬喩白馬之非馬。所以者何？馬非所以命形。形者何邪？惟是句股曲直諸綫種種相狀，視覺所得。其界止此；初非於此形色之外，別有馬覺意想分別，方名爲馬。馬爲計生之增語，而非擬形之法言。專取現量，眞馬與石形如馬者等無差別；而云馬以命形，此何所據？然則命馬爲馬，亦且越出現量以外，則白馬與馬之爭自絕矣。此皆所謂『莫若以明』也。廣論：則天地本無體；萬物皆不生。由法執而計之，則乾坤不毀；由我執而計之，故品物流形：此皆意根徧計之妄也。或復通言：破指之義，誠無餘辯；破馬之義，但乘公孫言詞之隙，因而墮之。假令云：馬者所以命有情；白者所以命顯色。命顯色者非命有情；故曰白馬非馬。莊生其奚以之破邪？應之曰：此亦易破。鋸解馬體，後施研擣，猶故是有情否？此有情馬，本是地水火風種種微塵集合；云何可說爲有情數。若云地水火風亦是有情者，諸有情數合爲一有情數；雖說爲馬，惟是假名：此則馬亦非馬也。又公孫以堅白爲二，堅白與石不可爲三。如是馬中亦有堅白，堅白可二，白馬不可爲二，說還自破。若云石莫不白，馬有不白者；馬有青驪，石亦自有黃黑。白非馬之自相，亦非石之自相；何故白與石不可離而獨與馬可離？此皆破之之說也。」章炳麟齊物論釋定本

「辯者與惠施相應，持二十一事。辯者之言，獨有『飛鳥』『鏃矢』『尺棰』之辯，察明當人意。『目不見』『指不至』『輪不蹍地』亦幾矣。其他多失倫。夫辯說者務以求眞，不以亂俗也。故曰『狗無色』可；云『白狗黑』則不可。名者所以召實，非以名爲實也。故曰『析狗至於極微則無狗』可；云『狗非犬』則不可。觀惠施十事，蓋異於辯者矣。」國故論衡明見篇

「別墨者，同而異，異而同者也：或得墨之一端，而未竟其全體；或據墨之近似，而轉失其本眞。間嘗

考之，固有見於當時者，亦有尙存於後世者，是可得而言焉。莊子距墨未遠，而其時別墨已熾，惠施桓團公孫龍即其人者；然亦不過得墨辯才之一端耳，顧其說則又與墨相左。墨之言曰：『非白馬焉執駒』惠施則曰：『孤駒未嘗有母』。墨之言曰：『知，知狗重知犬』；惠施則曰：『狗非犬』。故莊子以爲倍譎不同。桓團之書不傳；而倍譎之尤者，莫若公孫龍子。龍始學於墨，繼又別於墨而欲以相高；而顧竊墨微眇之言以文其書，而復正用其言，反用其意。今按經說下篇『牛狂與馬惟異』一段，龍據其文而衍爲通變論。『彼，正名者彼此』一段，龍據其文而衍爲名實論。上下篇言『堅白』數處及『目見火見』等語，龍據其文而衍爲堅白論。上篇『牛馬之非牛』，與夫『數牛數馬則牛馬二，數牛馬則牛馬一』，（按此皆下篇語）下篇『白馬多白，視馬不多視』等語，龍據其文而衍爲白馬非馬論。於言則正用之，於意復反用之，倍譎甚已！禽滑釐學於子夏，是出儒而入於墨者也；龍又出墨而入於名者也。然觀其書，特相高以言，相辯以口。韓非所謂『虛詞可以勝一國，考實不能謾一人』；史公以其『善失眞』；班氏亦言『鉤鈲析亂』。若公孫龍者，正名家之蟊賊，墨氏之叛臣也已。」（鄧雲昭墨經正文解義別墨考）

「世多譏龍恢誕。然如通變論云：『黃其正矣，是正舉也；碧則非正舉矣。與其碧，甯黃。黃其馬也，其與類乎！碧其雞也，其與暴乎！暴則君臣爭而兩明也。兩明者昏不明，非正舉也。名實無當，驪色章焉；故曰兩明也。兩明而道喪，其無有以正焉。』假物寓恉，足以砭世礪俗。」（汪兆鏞公孫龍子注後記）

「凡爲辯者：有事以爲例則易喩；即事而爲辯則易迷。故公孫龍責秦王以非約，折孔穿之詞悖，其言明且淸。惟書中如白馬至名實五篇，類以一詞累變不窮，轉而益深，幾令人莫明其所謂；必繩以名家科律，然後瞭焉。此又讀其書初覺詭異，而實不詭異也。」（顧實漢書藝文志講疏諸子略名家）

「公孫龍以博辯馳騁當時，後之學者雖多詆譏，皆不能擯其說而不論，則亦墨子以後一才士矣。其學大抵以極微奧覈名實爲歸，與墨辯關係最深；而其主張偃兵，又與墨子兼愛非攻之說合。然今書六篇，果否出自公孫龍之手，則殊可疑。今書第一篇首句『公孫龍六國時辯士也』，明爲後人所加之傳略，則六篇祇得五篇矣。第七以下皆亡。第二至第六之五篇，每篇就題申繹，累變不窮，無愧博辯。然公孫龍之重要學說，幾盡括於五篇之中，則第七以下等篇又何言耶？雖據諸書所記，五篇之外，不無未宣之餘義；然又安能鋪陳至八九篇之多耶？以此之故，吾終疑爲後人研究名學者附會莊列墨子之書而成，非公孫龍之原書矣。惟今書雖非原書，然既能推演諸記，不違旨趣，則欲研究公孫龍之學說，亦未始不可問津於此耳。」黃雲眉古今僞書考補證

國立中央圖書館出版品預行編目資料

公孫龍子講疏／徐復觀著.--初版,--臺北市：臺灣學生，民55

面；　公分.--(新亞研究所叢刊)

含索引

ISBN 957-15-0556-0 (精裝). ISBN 957-15-0557-9 (平裝)

1.(周)公孫龍—學識—哲學

121.54　　82006460

新亞研究所叢刊

公孫龍子講疏（全一冊）

著作者：徐復觀
出版者：臺灣學生書局
發行人：丁文治
發行所：臺灣學生書局
臺北市和平東路一段一九八號
郵政劃撥帳號〇〇〇二四六六八號
電話：三六三四一五六・三六三一〇九七
傳眞：(〇二)三六三六三三四
本書局登記證字號：行政院新聞局局版臺業字第一一〇〇號
印刷所：淵明印刷廠
地址：永和市成功路一段43巷五號
電話：九二八七一四五
香港總經銷：藝文圖書公司
地址：九龍偉業街九十九號連順大厦五字樓及七字樓
電話：七九五九五九五
定價　精裝新臺幣　平裝新台幣
中華民國五十五年十二月初版
中華民國八十二年九月初版六刷

12115

ISBN 957-15-0556-0 (精裝)
ISBN 957-15-0557-9 (平裝)

徐復觀教授著作表

1. 學術與政治之間（甲集）／一九五六年／中央書局（絕版）。
2. 學術與政治之間（乙集）／一九五七年／中央書局（絕版）。
3. 學術與政治之間（甲、乙集合刊）／一九八〇年／學生書局。
4. 中國思想史論集／一九五九年／中央書局（絕版）。
5. 中國思想史論集／一九六七年／學生書局。
6. 中國人性論史／先秦篇，一九六三年／中央書局（絕版）。
7. 中國人性論史／先秦篇／商務印書館。
8. 中國藝術精神／一九六六年／中央書局（絕版）。
9. 中國藝術精神／學生書局。
10. 公孫龍子講疏／一九六六年／學生書局。
11. 石濤之一研究／一九六八年／學生書局。
12. 徐復觀文錄（四册）／一九七一年／環宇書局（絕版）。
13. 徐復觀文錄選粹／一九八〇年（係由四册《文錄》中精選彙輯　／學生書局。
14. 徐復觀文存（收錄四册《文錄》未選入《選粹》的文稿）一九九一年／學生書局新版。

15. 黃大癡兩山水長卷的眞僞問題／一九七七年／學生書局。
16. 中國文學論集／一九七四年／學生書局。
17. 兩漢思想史／卷一／一九七二年初版／香港新亞研究所出版，原書名《周秦漢政治社會結構之研究》／三版改名／一九七四年臺一版／學生書局。
18. 兩漢思想史／卷二／一九七六年／學生書局。
19. 兩漢思想史／卷三／一九七九年初版／學生書局。
20. 儒家政治思想與民主自由人權／一九七九年「八〇年代」初版，一九八八年學生書局收回刊行初版。
21. 周官成立之時代及其思想性格／一九八〇年初版／學生書局。
22. 徐復觀雜文集①論中共②看世局③記所思④憶往事（四册）／一九八〇年四月初版／時報公司。
23. 徐復觀雜文集・續集／一九八一年初版／時報公司。
24. 中國文學論集續篇／一九八一年初版／學生書局。
25. 中國思想史論集・續篇／一九八二年初版／時報公司。
26. 中國經學史的基礎／一九八二年初版／學生書局。
27. 論戰與譯述／一九八二年初版／志文出版社新潮文庫。
28. 徐復觀最後雜文集／一九八四年／時報公司。
29. 徐復觀教授紀念文集／一九八四年／時報公司。

30. 徐復觀先生紀念論文集／一九八六年／學生書局。

31. 徐復觀最後日記—無慚尺布裹頭歸／一九八七年／允晨叢刊。

32. 徐復觀家書精選／一九九三年／學生書局。

翻譯兩種

㈠詩的原理（萩原朔太朗原著）一九八八年／學生書局新版。

㈡中國人之思維方法（中村元著）一九九〇年／學生書局新版。

註：此為徐復觀教授最完整的著作年表。以上各書皆不斷有新版問世，可分別向印行書局、出版社購買。另有徐師書簡已着手編輯，不久當可付梓。至此，徐師著作大體賅備矣。

受業生 蕭欣義 陳淑女 曹永洋 謹識

一九九二年七月一日編訂